U0085776

世紀人物 100

聽見了嗎？

貝爾

張燕風　著

三民書局

獻給孩子們的禮物

主編的話

世界上最幸福的孩子，是他們一出生就有機會接近故事書，想想看，那些書中的人物，不論古今中外都來到了眼前，與他們相識，不僅分享了各個人物生活中的點滴，孩子們的想像力也隨著書中的故事情節飛翔。

不論世界如何演變，科技如何發達，孩子一世幸福的起源，仍然來自於父母的影響，如果每一個孩子都能從小在父母親的懷抱中，傾聽故事，共享閱讀之樂，長大後養成了閱讀習慣，這將是一生中享用不盡的財富。

三民書局的劉振強董事長，想必也是一位深信讀書是人生最大財富的人，在讀書人口往下滑落的多元化時代，他仍然堅信讀書的重要，近年來，更不計成本，連續出版了特別為孩子們策劃的兒童文學叢書，從「文學家」、「藝術家」、「音樂家」、「影響世界的人」系列到「童話小天地」、「第一次」系列，至今已出版了近百本，這僅是由筆者主編出版的部分叢書而已，若包括其他兒童詩集及套書，三民書局已出版不下千百種的兒童讀物。

劉董事長也時常感念著，在他困苦貧窮的青少年時期，是書使他堅強向上，在社會普遍困苦，而生活簡陋的年代，也是書成了他最好的良伴，他希望在他的有生之年，分享這份資產，讓下一代可以充分使用，讓親子共讀的親情，源遠流長。

「世紀人物 100」系列早就在他的關切中構思著，希望能出版

孩子們喜歡而且一生難忘的好書。近年來筆者放下一切寫作，接下這份主編重任，並結合海內外有心兒童文學的作者共同為下一代效力，正是感動於劉董事長致力文化大業的真誠之心，更欣喜許多志同道合的朋友，能與我一起為孩子們寫書。

「世紀人物100」系列規劃出版一百位人物故事，中外各占五十人，包括了在歷史上有關文學、藝術、人文、政治與科學等各行各業有貢獻的人物故事，邀請國內外兒童文學領域專業的學者、作家同心協力編寫，費時多年，分梯次出版。在越來越多元化的世界中，每個人都有各自的才華與潛力，每個朝代也都有其可歌可泣的故事，但是在故事背後所具有的一個共同點，就是每個傳主在困苦中不屈不撓，令人難忘的經歷，這些經歷經由各作者用心博覽有關資料，再三推敲求證，再以文學之筆，寫出了有趣而感人的故事。

西諺有云：「世界因有各式各樣不同的人群，才更加多采多姿。」這套書就是以「人」的故事為主旨，不刻意美化傳主，以每一位傳主的生活經歷為主軸，深入描寫他們成長的環境、家庭教育與童年生活，深入探索是什麼因素造成了他們與眾不同？是什麼力量驅動了他們鍥而不捨的毅力？以日常生活中的小故事，來描繪出這些人物，為什麼能使夢想成真。為了引起小讀者的興趣，特別著重在各傳主的童年生活描述，希望能引起共鳴。尤其在閱讀這些作品時，能於心領神會中得到靈感。

和一般從外文翻譯出來的偉人傳記所不同的是，此套書的特色

是，由熟悉兒童文學又關心教育的作者用心收集資料，用有趣的故事，融入知識，並以文學之筆，深入淺出寫出適合小朋友與大朋友閱讀的人物傳記。在探討每位人物的內在心理因素之餘，也希望讀者從閱讀中，能激勵出個人內在的潛力和夢想。我相信每個孩子在年少時都會發呆做夢，在他們發呆和做夢的同時，書是他們最私密的好友，在閱讀中，沒有批判和譏諷，卻可隨書中的主人翁，海闊天空一起遨遊，或狂想或計畫，而成為心靈知交，不僅留下年少時，從閱讀中得到的神交良伴（一個回憶），如果能兩代共讀，讀後一起討論，綿綿相傳，留下共同回憶，何嘗不是一幅幸福的親子圖？

2006 年，我們升格成為祖字輩，有一位朋友提了滿滿兩袋的童書相送，一袋給新科父母，一袋給我們。老友是美國國家科學院院士，曾擔任過全美閱讀評估諮議委員，也是一位慈愛的好爺爺，深信閱讀對人生的重要。他很感性的說：「不要以為娃娃聽不懂故事，我的孫兒們一出生就聽我們唸故事書，長大後不僅愛讀書而且想像力豐富，尤其是文字表達能力特別強。」我完全同意，並欣然接受那兩袋最珍貴的禮物。

因為我們同樣都是愛讀書、也深得讀書之樂的人。

謹以此套「世紀人物 100」叢書送給所有愛讀書的孩子和家庭，以及我們的孫兒——石開文，他們都是世界上最幸福的孩子，因為從小有書為伴，與愛同行。

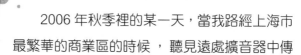

作者的話

2006 年秋季裡的某一天，當我路經上海市最繁華的商業區的時候，聽見遠處擴音器中傳來一片喧譁，黑鴉鴉的人頭到處攢動。什麼事這麼熱鬧啊？我急忙向前走了過去，想一探究竟。

原來，在一座專賣電腦及其有關產品，人稱「百腦匯」的大樓前面，幾乎有半條街那麼長的距離吧，布滿了大大小小的攤位，展示著形形色色的手機和 MP3、MP4 等那些最先進的科技產品。其間還有幾個臨時搭建起來的表演臺，臺上有一些蹦蹦跳跳、充滿活力的年輕人，正以勁歌熱舞為他們手中拿著的各款類型手機做促銷廣告呢。

一路過去的牆面上貼滿了五顏六色的宣傳海報，上面可見「手機文化節」的字樣。沿著大樓寬大的入口，還擺設了幾個大型看板，標題是「手機技術簡史」。我駐足觀看，發現其中以顯著的位置，刊登著電話發明人「亞歷山大·格蘭姆·貝爾」的照片，以及一段電話發明經過的記載：

西元 1876 年，貝爾做實驗的時候，不小心把硫酸濺到了自己的腿上，他疼得對另一個房間的助手喊道：「華生，快過來，幫幫我！」而這句話通過實驗中的電話，傳到了在另一個房

間內接聽電話的華生耳裡，成為人類通過電話所傳送的第一句話。

這第一句話的傳送，超越空間的阻隔，開創了人類溝通方式的新紀元。從那以後，無數科學家、發明家們就在貝爾電話的基礎上，不斷的創造翻新，經過共同的努力，在技術和產品上，如今已經可以讓人與人之間的溝通，不但即時而且無遠弗屆了。

我看著眼前琳琅滿目的手機產品，想到主辦單位別具用心的看板介紹，證明人們並沒有忘記那位在一百三十年前，曾經給這一切起了個頭的貝爾。對於這位著名的發明家，我可以說是非常熟悉的，因為這已經是我第二次撰寫他的傳記故事了。

第一次是在 2004 年，由三民書局出版的「影響世界的人」那套兒童文學叢書中，我曾經寫過一本《一星期零一夜——電話爺爺貝爾說故事》。這一回，我很幸運的又能參與「世紀人物 100」的編撰工作，完成了這本《聽見了嗎？：貝爾》，再次為讀者講述貝爾的生平軼事。

從先後兩次為貝爾寫傳的過程中，我逐漸領悟出什麼是最重要的原因，去推動並促使貝爾走向成功的道路，成為萬人景仰的大人物。那，就是他對人類有著一顆真摯的愛心。貝爾生命中最親近的兩個人，母親和妻子，都是不幸的失聰者，因此他從小就能體會聽

不見聲音的痛苦和孤寂。為了想法子
讓失聰的人能像聽力正常的人一
樣的與別人溝通，貝爾努力的
研究著聲音、音波和發聲的原
理，想用機械方法模擬出人類
發聲器官的構造，用來幫助失聰
的人有「聽」和「說」的能力。
經過無數的波折和一次又一次的
實驗，貝爾發明了能將聲音傳向遠方的「電話」。這項人類歷史上最
了不起的發明，給人們在生活上帶來許許多多的方便，但對失聰的
人來說，「電話」並沒能讓他們「聽得見」或「說得出」。貝爾心中
的願望還未達成，他要繼續用他的愛心，以及長期累積的有關聲音
學的經驗，來幫助聾啞的人也能與世界溝通。畢竟，做一個聾啞人
的朋友和老師，一直都是貝爾一輩子最想做的事情啊。

　　著名盲聾教育家「海倫凱勒」，把她的自傳獻給影響她一生的貝
爾先生，在書的第一頁，她寫著：

　　　　謹以此書向「亞歷山大‧格蘭姆‧貝爾」先生致敬──
　　　　他使聾人能「聽見」聲音，並且開口說話。
　　　　他使不聾的人，即使相隔千里，也都能互相聽見彼此。

　　貝爾非凡的成就，源起於他對人們的愛心，和不斷想要提高人

類生活品質的熱情。無論做什麼事，如果都能從愛心出發，將來一定會造福社會的。這是我寫這本書時，所得到的最大的啟發，願與讀者們共同分享。

寫書的人

張燕風

　　張燕風回憶：「記得以前家中的書櫃裡，有一整套偉人傳記全集，大約有五、六十本吧，很整齊的排列成好幾行。那套書曾經陪伴我成長，因為經常翻閱，所以每一本書中的主人翁都變成了我的好朋友。」

　　也許是受到那些大人物故事的影響，張燕風從小就很用功讀書，在臺北政治大學畢業後，又去美國的約翰霍浦金斯大學深造，取得數理統計的碩士學位。她雖然一直在電腦公司工作，但業餘仍然筆耕不輟。

　　她喜愛寫傳記性的題材，在已經出版的十本書中，竟有一半是名人的傳記呢，其中包括了畫家羅特列克、歌劇作曲家普契尼、喜劇泰斗卓別林、卡通大王華德・迪士尼和電話發明人貝爾。

　　張燕風希望她寫的這些書也會被排列在很多人家的書架上，時常被讀者取下來閱讀，並從中得到鼓勵和啟發。

聽見了嗎？

貝爾

世紀人物 100

貝　爾

1847～1922

前言

　　在蘇格蘭的首都愛丁堡市，難得有這麼一個溫暖和煦、陽光普照的日子！喜愛戶外活動的貝爾一家人，當然不會放過這樣的好天氣啦。爸爸梅維爾拎起了野餐盒，媽媽依萊莎揹上小畫架，他倆拉起了三個兒子的小手，有說有笑的到郊外爬山去了。

　　山頂上是一片遼闊的大平原。依萊莎挑選了一個面對山谷，又可望見藍色海水的地方，支起了畫架，拿出小調色盤，準備找個好的角度來作畫。梅維爾呢，就在妻子附近的一塊草地上安頓了下來。他先從野餐盒內取出兩條印有大方格子的薄毯，平整的鋪在地上，又從盒子裡取出蘋果、乳酪、三明治和一個水瓶，擺放在毯子中央。走得又餓

又渴的孩子們立刻擁了上來，吱吱喳喳的搶著愛吃的食物，但還沒啃上兩口呢，就又互相追逐嬉鬧了起來。

「孩子們，孩子們……別吵、別吵啦，快，都給我坐下！」蓄有滿臉鬍子的爸爸，威嚴的命令著。

麥利、艾力克和泰德，只好乖乖的圍坐在毛毯上。艾力克心想：「糟糕，又得聽那些冗長枯燥的戲劇臺詞了！」

果然，爸爸清了清喉嚨，從口袋裡掏出一本厚厚的小冊子，翻開其中的一頁，用他清晰有力的聲音，充滿感情的語調，開始抑揚頓挫的朗誦出那本古典劇中的名句。調皮搗蛋的大哥麥利，站起來在一旁裝模作樣的配合表演。惹人憐愛的小弟泰德，乖巧的依偎在爸爸的膝前，睜著烏溜溜的大眼睛，認真聽著那些怎麼

也聽不懂的長句子。

　　只有老二艾力克，雖然安靜的坐在那裡，一顆心卻早已不知飛到哪裡去了？他環顧著四周，腦中堆滿了稀奇古怪的問題。天上的鳥為什麼會飛啊？對面的高山上有野獸嗎？海水從哪裡來，又流向何處去呢？啊，還有，遠處怎麼會出現那一大片看不到盡頭的草叢呢？

　　媽媽依萊莎，找到了最好的角度，她的畫布上，逐漸顯現出一幅溫馨祥和的畫面。她在畫的左上角，題上畫名：「聆聽父親朗誦的孩子們」。

　　「艾力克，你在想什麼？」爸爸洪亮的嗓音，驚醒了陷在沉思中的小艾力克。他慌忙伸出手，指向前方，說道：「爸爸，您看！上次我們來這裡時，好像沒有看到草長得那麼高，對嗎？」

　　梅維爾往前望去，點點頭

說：「是啊，那片大樹林沒什麼人去，所以周圍長出的野草也就沒人去修剪整理，那些小草啊，就像小孩一樣，咻咻咻的，一下子就竄得那麼高啦！」

　　爸爸誇張的形容詞，卻讓小艾力克迷惑了，心想：「我沒聽過我長個子的時候會發出聲音啊，難道小草長高時，真的會發出『咻咻咻』的響聲嗎？」

　　梅維爾合上了書頁，對三兄弟說：「休息一下吧，我們待會兒再繼續念。走，一塊兒去瞧瞧你們的媽媽畫了些什麼？」

　　艾力克卻要求：「爸爸，我想先過去看看那片草叢，可以嗎？」梅維爾知道他這二兒子是個非常好奇的孩子，就答應著：「去吧，可別走遠了，快點兒回來。」

　　艾力克跑向遠處那一片茂密的草叢，接近時才發現，原來那些草，長得可比他要高得多啦！

他站在草叢邊，安靜的傾聽。但是……什麼也聽不見啊！再往裡走兩步吧，還是沒有聲音呢。再往裡走，往裡走……過了好一會兒，艾力克忽然發現自己已被淹沒在草叢中，分不出方向，也走不回去了。哇！四周一點聲音都沒有，寂靜得好可怕。小艾力克嚇壞了，不禁大聲喊了起來：「爸爸、爸爸……」

這方果然傳來梅維爾焦急的呼叫聲：「艾力克，艾力克，你在哪兒，到底在哪兒？」

艾力克急中生智，拿出褲袋中的手帕，用力的往上扔去，讓潔白的手帕掛在身邊草叢的頂端。梅維爾看見了，急忙用兩手撥開草堆，一路朝著白手帕的方向飛奔過去。

當爸爸把臂彎中那個臉色慘白、身子微微顫抖的二兒子，交到妻子的懷中時，艾力克才抱著

媽媽的頸項，放聲大哭了起來。依萊莎輕輕拍著受到驚嚇的兒子，溫柔的哄著：「不怕，不怕，這麼大了還哭得這麼大聲，多不好意思呢。乖，快別哭了。」

那晚，媽媽為艾力克做了他最喜歡吃的紅糖麵包。在餐桌上，爸爸用讚許的口氣，對艾力克說：「不錯啊，你真是一個聰明的孩子，居然會想到扔出手帕，讓我們能找到你。這可以證明，即使是在危急中，你也會理智的、鎮靜的想出方法來解決難題。」艾力克很高興聽到爸爸的稱讚，但更高興的是，他能聽見一家人的笑聲、說話聲、碗盤聲、刀叉聲、倒水聲、小狗叫聲……在草叢中的那一刻，聽不到一絲聲響，就好像和整個世界都隔離了，那是多麼孤單和恐怖的感覺啊。

睡覺前，依萊莎走進兒子們

的臥室，替他們蓋好被子。艾力克緊緊摟住媽媽，大聲的問道：「媽媽，您說我哭的聲音很大，是嗎？」

　　「什麼？孩子，你說什麼？」沒聽清楚的依萊莎，一面回答，一面迅速的把手中的橡皮長管，一端插入自己耳內，另一端放在艾力克的唇邊。

　　媽媽依萊莎的聽力極差，幾乎是全聾了。平日，她都是靠著看對方說話時唇形的變動，去瞭解說話人想要表達的意思。或者，用一條特製的橡皮長管，將對方說話的聲音擴大，直接傳入她的耳中。

　　艾力克輕輕推開媽媽遞過來的橡皮管。他仍然摟著媽媽，在她耳邊用力的說：「今天在草叢邊，妳怎麼知道我哭得很大聲呢？」

　　媽媽笑著說：「是啊，傻孩

子，那時候，你緊緊抱住了我的頭，嘴唇貼在我的前額邊上，那大哭的聲音，振動了我的頭骨，我聽得很清楚呢。」

「是嗎？」艾力克興奮得從床上跳了起來，抱住媽媽，貼近她的前額，一字一句的說：「以後，我就這樣和您說話，再也不要用那個冷冰冰的長管子了。」他接著又說：「媽媽，我今天在草叢中，第一次體會到聽不見聲音的恐懼和孤獨。將來，等我長大，我要想出辦法，讓所有的人都可以聽得見，人們就永遠不用再害怕了！」

依萊莎微笑著說：「好孩子，我相信你一定會做得到。現在，可別再多想了，好好的睡上一覺吧。」

艾力克摟緊媽媽的脖子，在她額邊，輕輕的說了一聲：「晚安。」

　　這個要「讓所有的人都可以聽得見」的孩子，就是我們故事中的主角。他的名字叫做「亞歷山大・格蘭姆・貝爾」，但他的家人和朋友，都親暱的稱他為「艾力克」，那麼，我們也就這麼稱呼他吧。艾力克長大後，成為一個教育聾啞人的專家，也成為一個鼎鼎大名的發明家。他最重要的發明，可以超越空間的限制，而讓全人類都能聽得見彼此。當然，那就是人人都最熟悉不過的——「電話」了。

1 愛看海鷗 飛翔的孩子

貝爾一家人住的小屋後面，有一座非常幽靜的小山坡。艾力克常常和哥哥麥利、弟弟泰德一起去那兒放風箏玩兒。山坡上有一片微微傾斜的草地，那是艾力克劃給自己的小地盤，他最喜歡一個人躺在那裡，凝視著對面的青山綠水，思考他那小腦袋裡裝著的各種問題。他也常常仰望著藍天，看海鷗飛翔。他會問身邊被微風輕輕吹動的小草：「你知道『人』為什麼沒有翅膀？為什麼不能像海鷗一樣，自由自在的在天上飛來飛去呢？」對艾力克來說，小草或許不會出聲回答，但卻一直是他最忠實的聽眾。

「艾力克！艾力克！」麥利一邊喊，一邊氣喘吁吁的跑上了山坡。他對那個正在做白日夢的弟

弟說：「你還不回家嗎？你的鋼琴老師已經來啦！爸爸找不到你，正在大發脾氣呢！」

艾力克嚇得一骨碌就站了起來，飛快的往山坡下衝去。當他急急進入家中的客廳時，滿面怒容的爸爸正要開口責罵，卻被媽媽要求忍耐的眼神給阻止了。

留著兩撇八字鬍、頭髮蓬亂、表情豐富的鋼琴老師伯第尼，帶著濃重的義大利口音，問道：「孩子，你就是艾力克吧？聽你母親說，本來是由她自己教你們三兄弟彈奏鋼琴的，但她發現你在這方面的才華特別突出，所以要我來給你做些特別輔導。這樣吧，我想先瞭解一下你的程度，彈彈這幾首曲子給我聽聽。」老師把樂譜放在琴架上，艾力克的十個小指頭就像一群小精靈似的在琴鍵上飛舞著，悅耳動聽的音符，一下子就溫暖了整間屋

子，就連爸爸臉上的冰霜都被溶化掉了呢。

老師用力的拍著手，「啊！太棒了！太棒了！」接著又說：「孩子，你今年幾歲啦？」艾力克恭敬的回答：「伯第尼先生，我已經滿十歲了呢。」老師臉上露出驚喜的神情：「什麼？才十歲？才十歲就彈得這麼好，大概有你母親的遺傳吧。繼續努力啊，你將來一定會成為一個大音樂家！」

依萊莎把橡皮管子放在鋼琴上，聽完了艾力克的表演，又聽到老師對兒子的嘉獎，還說，是得自她的遺傳呢，她不禁得意的露出了滿足的微笑。

是的，依萊莎是一位很出色的鋼琴家。雖然聽力很弱，但她對聲波帶來的振動，非常敏感，因此可以彈奏出極為準確的音調和拍子。生理上的障礙，並沒有阻擋依萊莎成為一個多才多藝的

人。除了彈得一手好琴外，她還是一位小有名氣的畫家，其他各方面的學識和教養，也都超乎一般人的水準之上。因此，她堅持不送三個年幼的兒子去學校，而由她親自在家中教導，想讓他們在音樂、藝術和各個學科方面，都能打下紮實的基礎。現在聽到這位傲氣十足的老師，竟然一開始就對艾力克有這樣的讚許，這肯定了她在孩子們身上所花的心血，沒有白費。驕傲的媽媽，怎能不開心呢？

有些大男人主義的梅維爾，卻和妻子有著不同的反應。他心中暗想：「要成為大音樂家，談何容易？普普通通的音樂家，玩玩可以，又怎麼能混飯吃？要想成功，總得做出一些實際的成績呀。」他深深的吸了一口菸斗，繼續想著：「就拿我的父親來說吧，他原來是一個地位卑微的修鞋匠

和舞臺上的小演員。後來憑著表演和念臺詞的經驗，努力不懈的成為一位有名的演說家，終於躋身在倫敦的學術界和政治圈內，與上流社會的人們來往，教他們在公眾面前演說的技巧。我呢，從小就受到父親的薰陶，對聲音的研究，下過一番苦功，現在也成為愛丁堡大學語言學系的名教授啦。我的專長是教人如何克服發聲上的困難，和怎樣矯正口吃之類的毛病。目前，我正專注於開發一套看圖發聲的符號，如果能夠順利完成，將會對社會做出多大的貢獻啊。」

梅維爾把弄著手中的菸斗，仍然陷入沉思之中：「我的父親名叫『亞歷山大・貝爾』，他給我取了個和他一模一樣的名字，希望我能繼承他的衣缽，在聲音學上有更進一步的成就。而我又給我的二兒子，取了和我相同的名

字，大概在潛意識裡，我期盼能有個兒子，可以繼續父親和我的事業吧。前些日子，老二在十歲生日的那一天，執意要在他的名字裡，再加一個中間名『格蘭姆』，變成『亞歷山大・格蘭姆・貝爾』。哎，我也隨他去了。想當初，我不也是吵著要有一個中間名『梅維爾』嗎？哎呀，想到哪去啦？叫什麼名字倒沒那麼重要，重要的是當人們聽到這個名字時，會肅然起敬啊！哼，當什麼音樂家，簡直是胡鬧！」

　　一串流暢輕快的琴聲，把梅維爾的思緒拉回到小客廳內，他注意到艾力克正在鋼琴邊，神采飛揚的敲打著琴鍵，周圍的家人和僕人，都在用腳打著拍子。他們陶醉的模樣，就像是飛上了青天，遨遊於白雲之間一樣的快樂。

　　當琴聲停止時，四周爆發出熱烈的掌聲。伯第尼把震落在前額的亂髮掠到腦後，激動的說：「艾力克，這首活潑的樂曲，叫什麼名字啊？奇怪，怎麼我從來都沒有聽過呢？」

　　艾力克仰起他那蘋果一般的紅臉蛋，興奮的說：「伯第尼老師，這是我自己編出來的耶！當我想到海鷗在天空中自由自在的飛翔時，我的手指頭就不知不覺的彈奏出這樣的旋律了。」

　　「好，好，太好了！」老師的臉上露出了驚喜和讚許的笑容。他轉身對梅維爾和依萊莎說：「這個孩子很有想像力，看起來又聰明伶俐。你們應該把他送去學校，接受全面的教育和均衡的發展。我看這孩子啊，將來一定會大有作為的！」

　　其實，依萊莎正在考慮這個問題。因為她覺得兒子們所需要

涉獵的學科，已經越來越廣泛艱深，逐漸超過她一個人的能力所及了。並且，她認為學校裡的群體生活，也是成長過程中，必須要得到的一種經驗。因此，她聽從了伯第尼老師的建議，把大兒子麥利和二兒子艾力克，一塊兒送進愛丁堡皇家中學去就讀了。

2 如何去掉麥殼呢？

　　學校的同學中，有一個名叫「班・赫曼」的男孩，他長得眉清目秀，可惜卻有嚴重的口吃，因此常常受到其他同學的嘲笑。艾力克的年紀雖小，卻很有正義感、又好打抱不平。他自告奮勇的把班帶回家中，要求爸爸為這個可憐的同學矯正結巴的毛病。很快的，艾力克和班・赫曼就變成最要好的朋友了。

　　班的父親赫曼先生，經營著一家麵粉廠。艾力克很喜歡和班一塊兒去工廠內「探險」。那兒有磨坊、有穀倉，還有擺放許多農具的儲藏室，真是玩捉迷藏最理想的地方！

　　有一天，赫曼先生正在堆滿麥子的穀倉內工作，艾力克和班，卻一前一後的跑了進來，在

赫曼先生的眼前，竄來竄去的互相追逐著玩兒。赫曼先生被他們鬧得煩了，大吼一聲：「喂，你們兩個，給我過來！」兩個孩子怯怯的走向前去，赫曼先生說：「你們沒看見我在忙嗎？還在這裡搗亂！為何不用你們的精力，去做點兒有用的事？」

艾力克抬頭望著高大的赫曼先生，鼓起勇氣問道：「請您告訴我們，什麼是『有用的』事呢？」

赫曼先生轉身從大桶內捧起一大把麥穗：「喏，你們若能幫我把這些麥子的外皮去掉，就算是做了有用的事啦！」

在走回家的路上，艾力克一面低頭踢著小石頭，一面思索著：「怎麼才能把麥殼去掉呢？」

一直到夜晚上了床，艾力克還在想著同樣的問題。忽然，他瞥見床頭櫃上有一把毛刷，啊，有了！他靈機一動，立刻從床上

跳了下來，從掛著的外套口袋裡掏出幾根麥穗，放入毛刷的縫隙之間，來回拉扯，麥殼很容易就脫落啦。但是——艾力克繼而又想，「只用一個毛刷，想刷掉整桶的麥殼，要花多少時間啊？不行，我得想出一個更好的辦法。」

第二天早上，艾力克一走進學校，就迫不及待的將刷掉麥殼的主意告訴了班。他倆好不容易捱到了放學鈴響，不約而同的抓起書包，飛快的往麵粉廠的方向跑去。他們要去那裡，尋求進一步的去殼方法。

艾力克在儲藏室內，翻出一個廢置已久的老磨具，磨具內還裝有幾個轉輪。艾力克立刻興奮的叫了起來:「班！班！快來！你看！我們去找幾個刷子，分別綁在這些轉輪上。這樣，只要推動磨把，那幾個轉動的毛刷，就可以同時刷掉大把的麥殼啦!」

班的眼睛裡，也閃爍出驚喜的光芒。不一會兒，兩人就找到了好些個大小不一的舊刷子。他們將刷子牢牢的固定在轉輪上，然後，在老磨具內，注入一小桶麥子。當艾力克用力推動起磨把時，去了殼的麥粒，就像小雨點般的灑落了下來！啊，成功了！成功了！兩個孩子不禁大聲嚷了起來，並拍著手，高興的跳個不停。

那一晚，艾力克在他的日記中寫著:「今天，我做了一件『有用的』事。我替那位成天辛勞不休的赫曼先生，想出一個自動去麥殼的好方法。能幫助需要幫助的人，是多麼快樂的事啊！那個裝了刷子的老磨具，是我有生以來的第一項發明！」

有生以來？那年，艾力克才十一歲呢！

3 當上解剖學教授

　　幾天後，赫曼先生出現在學校的校長室內。他脫下帽子，恭敬的對校長說：「我是貴校學生班‧赫曼的父親。班有一位同學，名叫『艾力克』，他想出了一個可以自動去麥殼的方法，為我省去工廠裡許多的人力和時間。這次，我來拜訪您的目的，就是希望學校對這樣聰明的好孩子有所表揚。」赫曼先生一面說著，一面指向堆放在走廊的幾個大紙箱：「這是我用那些麥子磨成的麵粉，製作出來的麵包，非常新鮮可口，請分送給所有的老師和同學，一起享用吧。」

　　艾力克的名聲，隨著那些剛出爐的麵包，很快的就傳遍了整個學校。老師們對這個成績平平的學生，開始另眼相看。而同學

們，則爭先恐後的想和這位小發明家做朋友。

雖然，艾力克的學業成績並不出色，但他有一些嗜好和收藏品，卻深深吸引了那些仰慕他的同學們。他對自然界中所有的生物都有著濃厚的興趣，不管是去野外、山上、水邊、樹林，或其他任何地方，都不會空手而歸。他收集了各式各樣的花啊、草啊、葉子啊、樹枝啊、死掉的小鳥、老鼠、蝙蝠、青蛙、魚蝦……甚至還有尚未孵出的蛋啦、空的蝸牛殼啦、蛻掉的蛇皮啦、小動物的骷髏頭啦……。麥利和泰德，經常幫著艾力克清洗整理他帶回來的收藏品，然後偷偷藏在爸爸媽媽難得上去的屋頂閣樓裡，三兄弟還鄭重其事的將那個小閣樓命名為「貝爾兄弟博物館」。當然，那些仰慕艾力克的同學們，也經常會被邀請到「博

物館」內參觀。

艾力克召集了麥利、泰德，和一群志同道合的好朋友，一起成立了一個「自然科學研究會」，並指定每一個參加的會員，都要擔任某一種科目的「教授」。比如說「分類學教授」、「演化論教授」、「植物學教授」、「動物學教授」等等。而他自己呢，則自封為「解剖學教授」。

說到「解剖學」，那倒真是艾力克的興趣和專長。他常常在想，青蛙為什麼會跳？鳥為什麼會飛？魚為什麼會游泳？螃蟹為什麼橫著走？蝙蝠為什麼老是倒掛？他總是好奇的把這些死掉的小動物翻來覆去的細細觀察，甚至把牠們的肢體進行解剖，一心一意的想找出這一大串「為什麼」的答案。

有一次，艾力克發現了一隻

被人丟棄、剛剛死去的小豬。他費了九牛二虎之力，把小豬從路邊拖回到家中的小閣樓上。然後立即召開緊急會議，把「自然科學研究會」的「教授」們都請了來，觀看他解剖小豬。「教授」們一個個睜大了眼睛，又緊張又害怕的圍觀著。當艾力克用刀子劃破小豬的肚皮時，小豬肚裡的空氣一下子被放了出來，發出「咕嚕」的一聲。所有的「教授」們，都嚇得奪門而逃，一個個劈里啪啦的從樓梯上滾下來。

　　梅維爾聽見那一團亂糟糟的聲響，急忙爬上閣樓查看。腐臭的氣味，彌漫了整個小閣樓，只見貝爾三兄弟都呆立在那裡，艾力克的手中，竟然還有一把刀哩！梅維爾氣得臉色發青，命令兒子們立刻把死豬拖出去埋掉，閣樓裡的「收藏品」一件也不許留下，全部得扔進垃圾桶內。

　　唉，真是禍不單行啊！就在這個時候，郵差又送來了麥利和艾力克的學校成績單。梅維爾首先打開大兒子麥利的成績單，嗯，不錯，各項科目都在九十分以上，梅維爾的臉上，顯露出了滿意的笑容。

　　接著，他又打開艾力克的成績單。哎呀呀，這是怎麼回事？雖然音樂和體育，都在九十分以上，但是，拉丁文和希臘文都只有五十分，數學更是離譜，只得四十分！老師寫的評語是：「該學生不用功學習，愛做白日夢，表現平庸。敬請家長協助教導。」

　　梅維爾氣得鬍子都翹起來了！他像一頭發怒的獅子，低吼著：「我堂堂大學教授，竟有一個『表現平庸』的兒子！真是氣死我了！」他緊握著拳頭，在客廳裡來回踱步。

　　過了好一會兒，梅維爾的怒

氣，才漸漸消去。他開始思考如何「協助教導」這個不爭氣的二兒子！忽然，他想起獨居在倫敦的父親，也就是艾力克的祖父。祖父一向偏愛這第二個孫子，因為這對祖孫不僅同名同姓，而且還都是三月三日出生的呢。

「為什麼不把艾力克送到他的祖父那裡，請祖父調教調教呢？」梅維爾心想，「我父親生活在上流社會的環境裡，有高貴的紳士氣派，和豐富的學識見聞，一定可以把他這個寶貝孫子好好改造一番的。」

「就這麼辦吧！」梅維爾在大腿上重重的拍了一巴掌，打定了主意。望子成龍心切的爸爸，立刻前往車站，為兒子買了一張前往倫敦的火車票。

艾力克是多麼捨不得離開媽媽呀！倫敦那個大都市又是多麼的莫測高深，讓人害怕呀！但是

在爸爸嚴屬的眼神下，艾力克只好收拾起簡單的行李，懷著忐忑不安的心情，獨自邁上旅程了。

4 醜小鴨變天鵝

　　艾力克下了火車後，按著爸爸交給他的地址，來到倫敦市內的一個高級住宅區，很快的就在那裡找到了祖父所住的公寓。艾力克正要舉手敲門時，門卻咿呀一聲的打開了。

　　「艾力克，快進來！快進來！我在窗口望著，等你好久啦！怎麼樣？路上都順利吧？」一位穿著考究，頭髮花白，面色紅潤，聲若洪鐘的老紳士，站在門口熱情的招呼著，並張開雙臂，將他最思念的孫子，一把攬入了懷裡。

　　已經長得比祖父還高的艾力克，有些害羞的站直了身體，恭敬的回答：「是的，祖父，一路都很順利。」

　　「嘖、嘖、嘖，才兩、三年

沒見，瞧你都變成個大人了。」祖父鬆開了臂膀，對著艾力克仔仔細細的端詳了起來。

「是的，祖父……」艾力克被看得有些不安，又聽到祖父說：「嗯……小伙子長得還真帥！但如果要在倫敦住下，就得換換行頭，打扮成一個城市人的模樣才好。」

祖父立刻召來管家，吩咐道：「傑姆，等一會兒請你帶我的孫子去裁縫那兒，多做幾件正式的衣服。記著，一定要用最上等的衣料！」

幾天後，艾力克脫下了鬆垮的毛衣和長褲，換上合身的外套，和筆挺的長褲。頭上戴著一頂絲質的禮帽，哎喲！手上……竟然，竟然……還拿著一根紳士用的拐杖哩！還沒滿十五歲的艾力克，看起來老氣橫秋的，好像二十五歲了呢。

　　不僅是外表穿著的改變，艾力克的生活方式也和從前大不相同了。比如說，以前在愛丁堡的家裡，吃晚飯時，是一天中最熱鬧的時刻了。一家人總是你一句、我一句的說個不停，三兄弟吵吵鬧鬧的顧不得太多的餐桌禮儀。但在祖父家，卻完全不是那麼回事兒。用餐時，艾力克和祖父面對面而坐，管家站在中間服侍。吃什麼食物，配用什麼刀叉碗盤，都有一定的規矩。飯桌上的話題也很嚴肅，祖父時常要艾力克對時事發表評論，或對看過的書來總結心得。在這種壓力下，艾力克不得不常常翻閱報紙，或鑽進祖父的那間大書房裡，瀏覽著書架上各式各樣的書籍。

　　每天早上，祖父總要花上兩個小時，親自教授艾力克朗誦經典名著，比如說，狄更斯小說裡

精彩的片段，或莎士比亞戲劇中典雅的獨白等等。祖父的要求非常嚴格，發音一定要正確，聲音還得有感情。艾力克一有空，就張大了嘴，對著鏡子發出「啊——咿——嗚——嘔——喔——」的聲音，同時觀察口腔內肌肉的牽動和變化。如何運用喉頭的聲帶，和其他器官的輔助來發聲，成為艾力克平日生活中最重要的課題了。

　　下午的時間，祖父會在家中指導前來求教的人們，傳授各種發聲和演說的技巧。學生中不乏達官貴人，和顯赫家族中的小姐少爺們。每次上課的時候，祖父就叫艾力克坐在一邊旁聽，有時甚至還要他擔任小助教的工作。

　　在這樣的環境裡，艾力克對「聲音學」的研究，變得越來越有興趣了。他在書架上找到一本很有意思的書，名叫《聲音的奧

妙》。一有空時，他就陷進書房內寬大的皮沙發裡，捧著那本厚厚的書，興味盎然的研讀起來。

認真又矜持的祖父，在和艾力克朝夕相處了一陣子之後，也逐漸顯露出他風趣輕鬆、童心未泯的一面。他喜歡在晚餐後，站在鋼琴邊，一面欣賞艾力克的彈奏，一面用他低沉渾厚的嗓音，唱起一首又一首動聽的蘇格蘭民謠。祖孫倆一唱一和，還帶著滑稽的表演，常讓在一旁觀看的老管家傑姆，笑得前仰後合。

祖父經常帶著艾力克去戲院看戲，除了欣賞演出外，還連帶觀摩演員們怎麼念臺詞。一老一少漫步的身影，常常出現在倫敦熱鬧的街道上，或綠草如茵的公園裡。若看到美麗動人的淑女經過時，調皮的祖孫二人還會偷偷的評頭論足，嘻嘻哈哈的樂上一番。

　　最讓艾力克感動的，是在每個月初的時候，祖父就會交給他一筆零用錢。至於怎樣花費則由他自己支配，不必向祖父報告。這種被人尊重的感覺，使他感受到長大成人的喜悅。

　　一年，匆匆的過去了。梅維爾照著約定的時間，前來倫敦，帶艾力克回愛丁堡。當他看見眼前那個穿著整齊、文質彬彬、說起話來字正腔圓的年輕人，簡直不敢相信這就是一年前還在草地上打滾的二兒子。他驚喜的說：「啊，天哪！我的醜小鴨，竟變成天鵝啦。」

5 誰家的孩子
在叫媽媽？

　　當艾力克依依不捨的擁別祖父時，他看到老人家的眼眶溼潤，身子也微微顫抖。老管家傑姆還忍不住的拿出手帕來偷偷擦淚。

　　梅維爾似乎沒有察覺到祖孫之間難捨的離情，還興致勃勃的對艾力克說：「快走吧，在上火車前，我想帶你去拜訪一位倫敦的著名科學家──惠史東爵士。」他望著身邊高大體面的兒子，驕傲的繼續說：「最近我和他在聲音學上，都有新的貢獻。我的那套『看圖發聲學』已經完成，就快要出版了。而惠史東爵士，也剛發明了一架可以模擬人說話的機器。我要去和他交換一些心得，順便也帶你去見識見識。」

　　惠史東爵士是一位心胸寬大

的學者。他毫不保留的對梅維爾父子解釋著他的新發明，並把一本有關人體聽力和發聲器官的繪圖本，大方的借給了艾力克。

在回家的火車上，梅維爾問兒子：「你對惠史東爵士發明的說話機器，有什麼看法？」艾力克答道：「那架機器能說的話，或能發出的聲音，實在很有限。並且，它的聲調沒有高低起伏的分別，太不自然，也太機械化了。」

梅維爾心中同意兒子的看法，但嘴上卻說：「但要想造出更好的說話機器，可不是一件容易的事喔！」

艾力克想了想，用充滿自信的口氣說：「我住在祖父家時，讀了許多與發聲有關的書，對人類說話器官的構造也瞭解了一些。或許——我可以做出一個比較好的說話機！」

梅維爾驚喜的挑起眉毛，鼓

勵的說：「艾力克，我相信你可以做得到，何不試試看？等回家後，麥利和泰德都可以幫你的忙。」

　　麥利和泰德，一直站在門口仰首翹望。當街口出現梅維爾和艾力克的身影時，他們立刻就迎上前去，簇擁著爸爸和久別的兄弟走進家門。艾力克一見到依萊莎，就像小孩子似的投入了她的懷抱，並把嘴唇靠近她的前額，撒嬌的說：「媽媽，我真想念您！」依萊莎慈愛的輕輕拍著兒子的背，說道：「孩子，歡迎你回家，媽媽也很想念你呢。」

　　梅維爾對麥利和泰德說：「你們先別纏著艾力克問東問西啦。讓他去梳洗一下，準備吃晚飯了，有話飯桌上再談吧。」

　　晚餐時，艾力克滔滔不絕的說著在倫敦的見聞，以及和祖父一起生活的種種細節。麥利和泰

德聽得津津有味，十分羨慕他們的兄弟見過這麼多的世面。梅維爾和依萊莎，也因兒子變得彬彬有禮，成熟又穩重，而感到欣慰。當艾力克談到曾經見過惠史東爵士的發明，以及他想要做出一個更好的說話機時，麥利和泰德立即自告奮勇的要幫忙。麥利甚至摩擦著雙掌，衝勁兒十足的說：「艾力克，我們明天一早就開始，好嗎？」

　　第二天早上，貝爾三兄弟興沖沖的去了市場，從屠夫那裡買回一個羊頭，再去雜貨店裡買回各種各樣的材料和工具。小閣樓上，又掛起一個新的木牌——「貝爾兄弟實驗室」。

　　艾力克解剖開羊頭，露出喉嚨和聲帶的部分，並參照著爸爸的「看圖發聲學」，及惠史東爵士借給他的《發聲器官繪本》，仔細思考著如何可以仿造出這樣

複雜的結構。

　　同時，麥利和泰德找來了一顆假骷髏頭，他們在上面用石膏、橡皮、塑膠、樹脂、木片、棉花等材料，做出精細逼真的臉頰、耳朵、鼻子、牙齒、嘴唇、舌頭和下巴。在這個新造的頭顱上，戴上一頂假髮，然後放在一個掛著衣服的衣架上時，遠遠看去，就和真的「老奶奶」一模一樣哩。

　　接下來的幾個星期，三兄弟埋首於「實驗室」裡，搔著頭皮，絞盡腦汁，閱讀所有可以找得到的參考書，商討著、爭論著，怎麼才能夠讓這些人造的「器官」，互相牽連運作，而發出像人說話般的聲音呢？

　　梅維爾並沒有給兒子們任何協助，卻悄悄的在一旁觀察著工作的進展。他希望藉著這次的機會，讓兒子們能從實際經驗中，

徹底的瞭解到發聲學的原理。以後，他還要靠著他們，傳播和教授他的「看圖發聲學」。若三個兒子沒有紮實的基礎，又怎麼能將他的心血去發揚光大呢？

皇天不負苦心人啊！經過無數次的試驗，「老奶奶」終於可以開口說話啦！艾力克用一條橡皮管插入老奶奶的喉嚨裡，並用細線操縱著口腔內的各個部分。當他對著橡皮管發聲時，聲音的震動，牽引了有關部位的動作，老奶奶居然可以發出像嬰孩般牙牙學語的聲音了呢。

三兄弟興奮極了，急忙去媽媽衣櫃中，找出最漂亮的衣裙，給老奶奶穿好，並把她放在有轉輪的椅子裡，推到門外的走廊上。當泰德對著橡皮管發出「啊啊──啊啊──」的聲音時，老奶奶的嘴竟一張一合的發出「媽媽──媽媽──」的聲響。三兄

弟輪流的玩著，沒想到，對面公寓的門，忽然打開了，鄰居太太探頭出來左右張望，緊張的問道：「誰家的孩子在叫媽媽？」

教音樂和演說的小老師

　　滿面笑容的梅維爾，驕傲的對依萊莎說：「我們這三個兒子，在我的鼓勵下，居然能做出這樣逼真的老奶奶說話機，可真不簡單哪！」依萊莎也微笑的附和著：

　　「說的是啊，經過這樣一段製作過程，我想他們對人體內掌控聲音的各種器官，都有全盤的瞭解了。哎！這幾個星期，孩子們也夠辛苦的。尤其是艾力克，幾乎是不眠不休的在做實驗呢。」

　　的確，艾力克做起事來，就是這麼認真，對有興趣的工作，更是會努力不懈的去完成。現在，說話機總算做出來了，那麼，下一步該做什麼呢？

　　愛丁堡雖然不是一個小地方，但生活步調卻十分悠閒緩慢。艾力克開始懷念脈搏跳動快

速的大城市倫敦。而且，自從他由倫敦回來後，每個月的零用錢也停了，爸爸又把他當成了小孩子，老是管這管那的，真讓人受不了了！艾力克心想：「我乾脆去當水手算了，不但可以自己賺點兒錢用，又可以擺脫爸爸的控制，還能隨船到各大城市去探險哩。也許，麥利會答應和我一起去，有哥哥做伴，那該多好啊！」

聽到艾力克這麼大膽的建議，從沒出過遠門的麥利，開始猶豫了起來。但是，他不忍掃艾力克的興，更何況他也認為爸爸管得太多了，和艾力克一樣，他非常希望能有獨立自主的機會。

麥利對艾力克說：「我們倆一起離開家，去做浪跡天涯的水手，爸媽一定會很傷心的。倒不如在附近的城市裡找個工作，週末和放假的時候，都可以回家。這樣我們的目的達到了，爸媽也

不會太難過。」麥利一邊說，一邊拿起桌上的報紙，隨意的翻著。啊！事情就有這麼湊巧，報上的一則廣告，忽然映入麥利的眼簾。「艾力克，快看呀！鄰城『艾爾金』的『威斯頓』男校，要找兩個住校的老師，一個教音樂，一個教演說。這豈不是天賜良機嗎？你教音樂，我教演說，這都難不倒我們的！」

兄弟倆悄悄的寄出了應徵的信。但是，不知怎麼的，梅維爾竟然發現了這個祕密。他極為生氣的對兩個兒子說：「你們找工作的事，為什麼不先來找我商量呢？我這個做爸爸的，總可以給你們拿個主意，做些安排什麼的啊。」

梅維爾沉默了一會兒，又說：「我花了十幾年的心血，創造出的那套適用於全世界的『看圖發聲學』，眼看就快成書出版

了。我正計劃帶著書，到英國各處去介紹這套符號，並用它來做教學示範。本來想帶著你們當我的助手，沒想到你們已另有打算。」麥利和艾力克面面相覷，不知說什麼才好。梅維爾繼續說：「泰德年紀還小，我不能只靠他一個人幫忙。這樣吧，麥利、艾力克，你倆輪流，一個去教書，一個留下來幫助我，一年一換。這樣，大家的需要都可以兼顧得到，你們認為如何？」

最後決定，第一年讓艾力克先去教書，麥利則暫時留在梅維爾的身邊。

1863 年的秋天，艾力克帶著一隻小皮箱，欣然前往威斯頓男校去報到，開始他一生中的第一個工作，當一名教音樂又教演說的小老師。

雖然要擔負起兩門課的重任，但正如麥利所說，這是難不

倒艾力克的。音樂方面，除了他本身的天賦外，還有媽媽和伯第尼先生給他打下的基礎。所以，當他談到樂理時總是頭頭是道，彈起鋼琴來又流暢動聽，學生們都期盼著上他的音樂課呢。至於演說課嘛，對艾力克來說，那更是得心應手了。因為他從小就耳濡目染父親和祖父的演說技巧和教學方法，並遺傳到他們那副渾厚低沉、又有說服力的嗓音。本來害怕演說的學生，在艾力克諄諄的教導下，竟爭先恐後的都要上臺發表演說了。

學期結束前，艾力克帶領全班的學生，做了一場公開的演說表演會，邀請家長和地方人士前來觀賞。第二天，《艾爾金早報》的記者在報紙上報導著:「學生們的發音正確、咬字清晰、表情和手勢的運用，不誇張不過火，穩重又端莊。如此高水準的

演出，超出所有觀眾的想像。更令人驚訝的是，那位指導老師『亞歷山大‧格蘭姆‧貝爾』只有十六歲，比有些學生的年紀還要小。」

7 讓聲音傳向遠方是我的夢

第二年，輪到麥利去教書，艾力克則回到家中，幫助爸爸到各處去介紹及示範「看圖發聲學」。

通常來聽介紹和看示範的人，包括了聲音學家、語言學家，和有關的教育界人士。示範的過程是這樣的，艾力克和泰德會先被留在場外，聽不到也看不見會場內的任何動靜。而在同時，場內的來賓，可以用任何語言說出不同的單字，甚至學貓叫、學狗吠、學獅吼、打噴嚏、打呵欠、打嗝兒……梅維爾都可以一一將那些聲音，用符號寫在黑板上。然後再讓艾力克和泰德進入場內，兄弟倆照著黑板上的符號，還原發出原來的聲音。他們精確無誤的示範，常常贏來熱

烈的掌聲。「看圖發聲學」也逐漸受到專家們的認許和肯定了。

在經常接觸聲音學和專家們的環境下，艾力克對研究「聲音」的熱情，又再度被激發了起來。白天，他替父親工作，而晚上，就是他自己做實驗的時間了。

有一個深夜裡，泰德被一陣陣奇怪的吵雜聲音給驚醒。他看見同房間的艾力克，正對著鏡子，發出「啊──啊──」的聲音，並不斷拍打著臉頰，和用手指彈著喉嚨。

泰德抱怨的說:「二哥，這麼晚了還不睡，吵死人了!」

艾力克看到弟弟醒來，興奮的說:「泰德，你看!這樣……」他拍拍臉頰，「和這樣……」又彈彈喉嚨，「發出來的『啊──』聲，高低頻率不同呢!」

「泰德，你看!這調音叉也

會發聲呢！」接著，他又對著手中的調音叉，發出「嗚——」的聲音。調音叉受到音波的振動，真的發出「嗚——」的回響哩。睡眼惺忪的泰德，可憐兮兮的說：「二哥，我的聽覺沒有你那麼敏感，實在聽不出有什麼特別的地方。對不起，我可要繼續睡覺了。」

　　時間在忙碌中，過得特別快。一年後，艾力克又和麥利對調，回到他教書的位置上。麥利返回家後，不久就結了婚，婚後他決定和妻子留在愛丁堡成家立業，不再當父親的助手，也不再去艾爾金任教了。

　　梅維爾失去了大兒子的幫助，決定親自去一趟艾爾金，把艾力克叫回來，做他教學示範的助手。當梅維爾走進艾力克住的教職員宿舍時，不禁被雜亂的房間嚇了一跳。這時，艾力克也喘

著氣，從外面小跑步的進入了房間。

「咦，爸爸，是您來啦？」艾力克高興的說：「剛才傳達室告訴我來了訪客，沒想到是您，太好了！」艾力克急忙把椅子上的衣服丟到床上，請梅維爾坐在空出來的椅子上。

梅維爾望著滿頭大汗的二兒子，疼惜的說：「你很久沒回家了，你媽媽要我來看看你。看來你的氣色還不錯，但是這地方亂糟糟的，充滿了垃圾廢物，怎麼住得下去？」梅維爾望著桌上滿布著的瓶瓶罐罐、電池、調音叉，和糾纏不清的電線圈，接著說：「我看你也別在這兒教書了，乾脆跟我回家去，生活上有人照顧，會好多啦！」

艾力克焦急的走到桌前，指著上面的雜物說：「爸爸，這些可不是垃圾喔，這些是我做實驗的

工具……」

梅維爾皺起了眉頭，「做實驗的工具？」

「是啊，」艾力克興奮的解說著：「您看，我想把頻率高低不同的聲音，通過電流，一起從這一根電線上傳送出去……」

「這有什麼用呢？」梅維爾打斷了兒子的話：「你成天搞這些叮叮噹噹的玩意兒，到底有什麼用呢？真不如和我一起從事於教人發聲說話的專業，還比較有前途呢！」

艾力克爭辯的說：「爸爸，請別怪我冒犯您。我認為『看圖發聲學』是一項重大的發明，但它並不是一切問題的答案，它有著很大的局限性……」

「很大的局限性？」梅維爾的眉頭都皺得打了結。

「是的，它只是一些符號，能讓人照著發出正確的聲音而

　　已。而我想探討的，卻是『聲音』這個東西的本身。如何捕捉聲音、分解聲音、控制聲音的流向、讓聲音傳送到遠方、讓耳聾的人可以『看見』聲音的形狀，而模仿發出正確的聲音……」

　　「夠了！夠了！你這孩子總是不切實際，永遠在做白日夢！」

　　「爸爸，這不是白日夢，這是我的夢！就如同『看圖發聲』是您的夢一樣！請您允許我追求我自己的夢想，走我自己選擇的道路吧！」

駛向彼岸新天地

　　那一次梅維爾的造訪，弄得父子二人不歡而散，梅維爾只好失望的獨自回家了。過了沒多久，艾力克接到一封來自家中的快信，信中只有寥寥數字:「泰德病重，速回。」

　　當艾力克趕到家裡時，弟弟泰德已經病情垂危。醫生搖著頭咕噥著:「可惜啊，這孩子這麼年輕，就得了肺病。哎！這種無藥可醫的不治之症，還沒有人知道到底是怎麼引起來的呢。大概要怪這兒的天氣太惡劣了，又溼又冷，還陰雨不停……」

　　一天夜裡，泰德在一陣劇烈的咳嗽聲中，走完了他短暫的生命。梅維爾和依萊莎，因失去了疼愛的小兒子而悲痛欲絕。麥利和艾力克，也因再也看不見親愛

的弟弟，而傷心不已。

看到媽媽憔悴的樣子，艾力克決定暫時結束教書的工作，搬回家來，陪伴爸媽度過這一段難過的時光。不幸的是，麥利也開始咳嗽了，並且，一天比一天咳得厲害，人也越來越蒼白消瘦。梅維爾趕緊把麥利接回家中休養，由媽媽親自悉心照料。可憐的麥利，和病魔搏鬥了很長的時間，最後還是戰敗了。

這一連串的打擊，使得梅維爾和依萊莎感到心力交瘁。先後喪失了兩個兒子，讓他們警覺到，千萬要注意艾力克的身體狀況，不能再有任何疏失，這是他們僅有倖存的兒子了。當依萊莎發現艾力克夜間頭痛的毛病越來越嚴重時，她非常緊張的找丈夫商量：「梅維爾，還記得醫生說過的話嗎？他說英國的天氣太壞，體質較弱的年輕人會受到影響而

生病。你說，我們是不是該換個氣候較好的地方過日子啊？」

「是啊，我怎麼沒有想到這一點！上次，我去加拿大講課時，看到那裡空氣新鮮、陽光充足，人人都面色紅潤、體格強壯，我還很羨慕他們的生活環境呢！」

梅維爾沉思了許久，又說：「其實，我們也可以搬過去住啊。」

「可是——」依萊莎略為遲疑的說：「你的『看圖發聲學』，剛剛在英國各處打響了名氣。如果搬去加拿大，一切不都得從頭開始了嗎？」

梅維爾堅決的說：「那也只好如此。有什麼事會比兒子的健康更重要呢？況且，我的那套發明，是適用於世界上任何地方的。就算是去加拿大，也一樣可以發展。好，就這麼決定了！」

　　這個決定，對艾力克來說，並不是一個好消息。他已經是二十歲出頭的成年人，絕對可以照顧自己了。他多麼渴望有獨立的空間，能做真正喜愛做的事。他鼓起勇氣去對梅維爾說:「爸爸，我不打算搬去加拿大，我要留在這裡，替您和媽媽看守這個房子。您不要為我擔心，我會去愛丁堡大學選些課，也會找一個教書的工作。我還要繼續做我對『聲音』的實驗。」

　　梅維爾聽了艾力克的這番話，大發雷霆，氣呼呼的說:「兒子啊，你以為我要全家搬去加拿大，是為了我自己嗎？不必多說了，快去準備行李吧。」

　　那天晚上，艾力克徘徊在霧氣濃重、燈光昏暗的街道上。他一條街又一條街的走著、想著，真不知該何去何從？直到東方發白，他才拖著疲憊的身體走回家

中。一打開門，就看見媽媽坐在鋼琴前，默默的等待他的歸來。一片寂靜中，那個微駝的背影，是多麼孤獨無助啊！艾力克快步走上前去，像小時候一樣，摟抱住媽媽的脖子，在她的前額上，激動的說：「媽媽，我決定去加拿大了。我要盡可能的陪伴著您，當您的耳朵，讓您的世界裡不寂寞！」

接下來，艾力克就忙著幫爸爸賣房子和家具，並準備好要帶走的行李。在快要上船的前幾天，他在書店裡買了一本厚厚的書，是由一位德國科學家所寫的，有關聲音學的最新著作，那將是他在漫長的航程中，最佳的良伴。同時，他也買了一本筆記本，在空白的扉頁上，他寫著：「亞歷山大・格蘭姆・貝爾的思考筆記」。

當船離開了碼頭的那一刻，

艾力克立即取出他的筆記本，翻開了第一頁，開始寫著：「這艘大船將帶著我們，駛向大西洋彼岸的新天地。雖然我無法控制船舵的方向，但我可以掌握住自己的生命之舵。無論命運把我帶到哪裡，我都要堅持信念，追求自己的理想。絕對不會受到人云亦云的影響，而迷失了方向。」

9 與印第安酋長共舞

　　三個星期後，艾力克一家人終於抵達了加拿大的安大略省。他們在那兒一個名叫「班特福」的小鎮裡，買下一棟農舍，連農場一共有十畝地那麼大呢。屋子的後面，有起伏的小山丘，其間還有彎彎的小河流過。艾力克經常躺在綠草如茵的山坡上，看山、看水、看飛鳥，並盡情的享受著溫暖的日光浴。

　　梅維爾要兒子放鬆心情，先把身體調養好，其他一切都可以稍後再說。依萊莎每天用農場上最新鮮的牛奶、雞蛋、蔬菜和水果，調製出營養又可口的食物給兒子吃。在爸媽這樣無微不至的呵護下，艾力克過了幾個月的鄉村生活，他的氣色越來越紅潤，體力也逐漸恢復正常了。

　　身體才剛轉好些，艾力克就閒不住了，他很快的學會了農場上的各種工作。他們家的農地，土壤特別肥沃，農作物不斷的可以收成。什麼玉蜀黍啦、大白菜啦、馬鈴薯啦、蘋果啦、梨子啦……，都堆得像一座座小山丘似的。艾力克最喜歡騎著馬，帶著這些豐收的蔬果，去分送給鄉間的鄰居們，順便和他們聊聊天、打打交道。

　　離艾力克家不遠的地方，有一大片政府為原住民劃定的保留區。住在那裡的印第安摩和克族人，因為語言隔閡，很少與外界來往。多年下來，就自然而然的形成了一個封閉的社區。艾力克覺得大家住得這麼近，卻因為語言上的障礙，而彼此不能溝通，這是多麼可惜的事啊！於是，他裝滿了一車的水果，駕著馬車逕自前往保留區，想自告奮勇的去

教印第安人學英語。

守門的印第安士兵，雖然聽不懂艾力克在說什麼，但他們看見來者滿臉的善意，和帶來一車子的禮物，就找來一個略通英語的印第安老人，帶著艾力克去見酋長。

他們走進一個布置堂皇的大帳篷內，看見氣宇軒昂的年輕酋長，正坐在一張鋪滿了獸皮的椅子上。透過老人指手劃腳的翻譯，艾力克誠懇的說明了來意。

酋長欣喜的說道：「自從我接任酋長後，一直想和外界來往，吸收白人進步的文化，來擴大族人的生活圈子。我還很想和白人做生意，那樣可以增強我們的經濟能力，讓族人富裕起來，過更好的日子。但是，語言不通，的確是個大難題。貝爾先生，如果您願意教我們英語，那實在是求之不得的事啊。」酋長興奮的站起

身來，走到艾力克身邊，用力拍打著他的肩膀，笑著說:「我首先報名，做你的第一個學生，如何？還有，我的印第安名字太長了，你給我取個英文名字吧!」

艾力克立刻就喜歡上了這位英明開朗的酋長，他緊握著酋長的手，熱情的說:「好啊，以後我就稱呼你為『強生酋長』吧。也請你直接叫我『艾力克』就行啦。」

艾力克想到，這是發揮「看圖發聲學」最好的機會了。他耐心的將每一個單字的英文和印第安文，分別用相對的符號記錄下來。因此，強生酋長和他的族人可以學說英語，而同時，艾力克也學會了摩和克族的印第安語。當互相能用語言溝通後，艾力克很快的就成為保留區內每一個印第安人的好朋友，也逐漸與強生酋長成為莫逆之交了。

　　強生酋長為了感激這位好心的朋友，特別送給艾力克一套正式的酋長服，並鄭重的宣布艾力克為摩和克族的名譽酋長呢。

　　艾力克頭上戴著插滿老鷹和鴕鳥羽毛的帽子，脖子上掛著一串串叮噹作響的勛章，身上又穿著鹿皮外套、釘滿了銀幣的褲子和馬皮製成的長筒靴。當他全副武裝，神氣活現的出現在強生酋長的面前時，酋長不禁哈哈大笑，拉起艾力克的手，教他大跳慶祝勝利的戰士舞哩。

　　梅維爾得知兒子用「看圖發聲學」方法，教會印第安人說英語，他覺得十分的得意和驕傲。正在此時，梅維爾以前的一個名叫莎莉・福勒的學生，在美國麻州的波士頓城，開辦了一間為耳聾兒童設立的學校。福勒小姐邀請梅維爾去那所學校教書，希望能用「看圖發聲學」，來教耳聾

的孩子們開口說話。

梅維爾立即回信給福勒小姐，他寫著：「我的兒子艾力克，不僅熟知我的發明，更有實際應用的經驗。他會比我更適合那個職位。」

梅維爾對艾力克說：「你不是一直想要有獨立自主的機會嗎？現在你的身體已經復原，我和你母親都能放心的讓你出遠門了。去波士頓吧，那裡的文化氣息濃厚，你一定會喜歡的。好好的去幫助那些耳聾的孩子們，在教課之餘，也認真的去實現你的夢想吧。」

當艾力克把這個好消息告訴強生酋長時，酋長雖然有些依依不捨，但是想到好友可以在大城市裡謀求更大的發展，他還是很高興的說：「那太好了！為了預祝你的成功，讓我們一起再跳一次勝利戰士舞吧！」

　　在咚咚咚的鼓聲中，兩個好
朋友，一面踏著舞步，一面發出
雄壯的喊聲:「……嘿、嗨、嘿、
嗨、伊呀嘿、伊呀嗨……喔——
喔——喔——」

10 愛上文化城市
──波士頓

正如梅維爾所說，波士頓真的是一個文化氣息非常濃厚的地方。那裡有鼎鼎大名的學府，比如說，哈佛、麻省理工學院、波士頓大學等，他們經常舉辦各種學術研討會，歡迎有興趣的人士自由參加。城內各種圖書館林立，個個都擁有豐富的藏書，和最新近的報章雜誌供人參考翻閱。更令艾力克驚喜的是，他發現波士頓有許多專門研究聲音的科學家和教育家們，經常在有關的刊物上發表研究論文，給了他不少的靈感和啟發。

福勒小姐對這個剛滿二十四歲的年輕教師，充滿了信心。她覺得艾力克有朝氣、有活力。他教學的方式，一定是活潑而不呆板的。

　　艾力克的教學方法，的確與眾不同。他一走上講臺，就在黑板上畫出一張很大的人臉。當他用手指著那個人臉上的五官部位時，他也要求學生們跟著觸摸自己臉上相應的部位。接著，他把不用的部分擦去，只留下兩頰、嘴唇、舌頭和喉嚨。他讓學生們不斷的觸摸自己這些發聲用的器官，直到感覺熟悉為止。然後，他就說明如何運用臉上的發聲器官，照著看圖發聲符號的形狀，發出正確的聲音。

　　大部分的學生們，都曾經學過聾人用的手語，或讀唇的技巧，但是從來沒有嘗試過自己開口發聲。他們覺得這個新方法很有趣，每個人都張大嘴巴，扯開喉嚨，興奮的練習著。原本死氣沉沉、寂靜無聲的校園裡，突然從教室中冒出音調不同、吵雜刺耳的叫喊聲，校警還以為出了什

麼事，急急忙忙的跑去教室查看呢。

學生中有一個特別聰明的小女孩，名叫泰瑞莎，她患有先天性的耳聾症，從生下來後就沒有聽過一絲的聲音，因此也不知道如何發音說話。但在艾力克耐心的教導下，她很快就領悟了看圖發聲的方法，而且可以發出一些短句的聲音。

學校放假前，泰瑞莎的媽媽前來接住校的女兒回家。當她聽見女兒對她說出：「媽──媽──我──愛──您──」的時候，她簡直不敢相信自己的耳朵！

泰瑞莎又重複的一個字一個字的說了一遍：「媽──媽──我──愛──您──」，雖然有些含糊不清，但的確是發自她的口中啊，泰瑞莎的媽媽緊緊抱住女兒，高興得淚流滿面。

其他的家長，也都感覺到自

己孩子的改變。他們不再羞怯退縮，反而勇敢的開口說話，迫切的希望和不懂手語的人們直接溝通。這一切，都要歸功於那位積極樂觀的年輕教師，和他那套神奇的教學方法吧。艾力克的名聲，很快的就在附近傳開了。許多學校，包括著名的麻省理工學院，都邀請他去演講。連波士頓最負盛譽的報社，也要特別為他寫一篇人物專訪的報導呢。

當記者問道：「貝爾先生，聽說你不贊成耳聾的學生用手語，而要他們學說話，這是真的嗎？耳聾的人不多半是啞巴嗎？怎麼能說話呢？」

艾力克立即回答：「許多人認為聾子一定也是啞巴，那是錯誤的觀念。耳聾的人是因為聽不見人們說的話，才不知道如何運用自己的聲帶發聲。久而久之，就變得不會說話了。這是多麼令人

痛心的事啊！」

艾力克用堅定的語氣，接下去說：「『手語』雖然是一個很好的溝通工具，但卻只限用於會打手語的人們之間。我嘗試用家父『梅維爾‧貝爾』所發明的看圖發聲的符號，來教學生說話。同時，也教他們『讀唇術』，那是看對方講話時嘴唇的移動，來辨識話語的一種方法。這樣雙管齊下，我的學生就能和一般人一樣，用語言來和人們溝通了。如果我的方法，可以使耳聾的人克服他們生理上的缺陷，像聽力正常的人一樣的生活，那就是我最大的心願！」

這篇訪問的文章，在報上登出後，在讀者之間引起很大的回響，也使專家學者們對聾人教育開始了熱烈的討論，艾力克每天都會接到許多為他加油打氣的來信。這種自由開放的學術研討風

氣，和接納各種思考與方法的器
量，使得艾力克更加深深的愛上
了這個美麗的城市。

11 大家都在拼發明

　　由於艾力克在教育聾人方面所做的努力，和傑出的貢獻，使他獲得了一張波士頓大學的聘書。1873年時，二十六歲的艾力克正式成為一名教聲音生理學的教授了。

　　雖然艾力克忙於教書的工作，但他從未間斷每晚要做實驗的習慣。他的心中一直有個夢想，那就是，總有一天他可以讓聲音傳向遠方。他也深知若要達成這個夢想，必須要有豐富的聲學和電學的知識。在聲學方面，他已有了相當的基礎。但是對於電學，他卻所知無幾。因此，他從圖書館裡借回許多有關電學的書籍，每天晚上坐在煤油燈下，苦苦自修，直到深夜。

　　自從艾力克在麻省理工學院

演講過一次以後，學校就經常邀請他參加各種不同的研討會、展示會和演講會。艾力克總是盡可能的參加，他不願失去能和世界上最優秀的學者們互相交流的機會。

有一次，在一個有關聲學的討論會中，一位來自法國的科學家，展示了他的實驗成果。他將肉眼看不見的聲波，也就是聲音在空氣中傳送時彎彎曲曲的形狀，顯示在被煙薰過的玻璃上。

艾力克看了之後，大為興奮。他對鄰座一位年輕的教授說：「如果耳聾的人能夠用眼睛看見聲音的形狀，那就能幫助他們發出正確的聲音啦。」這位鄰座的史密斯教授，恰好是一位耳科醫生，對這個題目的探討也很有興趣。兩人一見如故，相談甚歡。會後，史密斯教授邀請艾力克去參觀他的診所，並很大方的送給

艾力克一個死人的耳朵，好讓艾力克帶回去仔細觀察。當聲波的振動傳入耳內時，對耳膜及耳骨，究竟會產生什麼樣的影響？

艾力克教書的薪資非常微薄，常常為了購買做實驗所需要的材料，竟連吃飯的錢都湊不出來。他告訴自己，一定得想出一個賺外快的法子，才能填飽肚子和繼續做實驗啊。正在此時，報紙上刊登出一則消息——「『西聯電報公司』徵求新發明」。內容是說，目前的電報線，一次僅能傳遞一條信息。公司希望能由一條電報線同時傳遞多條信息，以增加電報通訊的速度、經濟效益和實用價值。若有人能研發出具有這樣功能的儀器，電報公司將會以重金回報。

1870 年代，美國這個建國才一百年的新興國家，就已經成為世界上富強康樂的大國了。主要

的原因，是美國人對美好生活的熱烈追求，促使他們不斷的想出各種方法，來增進生活的品質。因此，研究、發明、改革、創新的風氣，彌漫籠罩了整個美洲大陸。

隨著火車等交通工具的發明，人們活動的範圍越來越廣，若有事要和遠方的人互通消息時，打電報就是最快速的聯絡方式了。然而，自從「山繆·摩爾斯」在 1840 年代發明了電報之後，已經過了三、四十年的時間啦，電報「一次只能傳遞一條信息」的基本設計，一直都還沒有太大的改變呢。這次「西聯電報公司」所發出的這項挑戰，不僅在波士頓，甚至在全美國，都掀起了劇烈的震撼。是啊，如果真能設計出「一次能夠傳遞多條信息」的電報，那將不僅名利雙收，甚至也會像「山繆·摩爾

斯」一樣留名青史＊哪。聽說，「湯姆士‧愛迪生」、「艾爾沙‧葛雷」等有名的發明家，都在躍躍欲試呢。

波士頓的學術界，成天沸沸揚揚的談論著這件事。科學家、發明家，不論是公開的，或祕密的，都在研究如何做出電報公司所要求的新產品。在這樣的環境裡，好奇心很重的艾力克，很快的也被捲入這股「拚發明」的熱潮中了。

雖然，「電報」並不是艾力克的專長，但是他卻非常樂觀的想：「在做有關電報的實驗過程裡，我將會學到很多電學的知識和經驗啊！如果真的成功了，我還可以得到一大筆錢哩！有了經

放大鏡
＊青史　古時候，人們以竹簡作為書寫工具，也用竹簡來記載史事，由於竹皮是綠色的，所以，後來就以「青史」作為史書的代稱。

驗，有了錢，我就能專心於『聲音』的研究了。總不至於還像現在這樣吧。如果要買材料做實驗，就沒錢吃飯！要花錢吃飯，又沒錢買材料！」

12 貴人來相助

　　可是，過分樂觀的艾力克卻沒想到，就是目前要做的電報實驗，也需要用錢呀！而這些錢又從哪兒來呢？他想來想去，啊，有了！為什麼不在學校課餘的時間，擔任耳聾孩童的私人教師呢？這樣不就有額外的收入，來支持他的實驗工作了嗎？好在他在波士頓大學的校園裡，有一間屬於他自己專用的辦公室，那裡面掛上一個小黑板，再擺一張沙發椅，就可以當小教室使用了。

　　有一位名叫「湯姆・桑德士」的富商，聽說貝爾教授要收私人學生，立即帶著五歲的兒子「喬治」來見艾力克。喬治雖然是個先天性耳聾的孩子，但他卻很聰明乖巧又活潑可愛。艾力克在一隻白色的手套上，寫滿了二

十六個英文字母。他叫喬治把手套戴在手上，用玩遊戲的方法，指著一個個的字母學拼字。幾個星期後，喬治就可以用手套拼字的方法，和別人做一些簡單的溝通了。

桑德士看見兒子進步得這麼快，就想要艾力克盡量多花一些時間在喬治的身上。他甚至在艾力克住處的附近租了一個房子，讓喬治和女管家住在那裡。這樣，艾力克一有空就可以過去，而喬治也就有機會多學到些東西。

艾力克對失聰兒童的愛心和耐心，是永遠沒有止境的。他仔細的把喬治房間裡的家具和玩具都貼上了標籤，標明了那件東西的拼字法。他還用喬治已經學會的一些單字，畫成故事書，再講給喬治聽。當然，同時他也教喬治「看圖發聲學」和「讀唇

術」。

有一次，當桑德士去接喬治回家時，意外的聽到兒子正在努力的，但卻艱難的發出「爸……爸……爸……爸」的聲音，桑德士感動得熱淚盈眶，他把兒子摟在懷中，不停的說：「感謝上帝……這真是天使的聲音啊。」不用說，桑德士對貝爾教授，更是佩服得五體投地了。他立即把這位像神仙一樣的好老師，推薦給他的好朋友「加德納‧哈伯特」先生。

哈伯特是一位頗有名望的大律師，也是一位精明的企業家。他有一個十六歲的女兒，名叫「梅波」。梅波五歲時，因為生病發高燒，之後耳朵就聾了。哈伯特夫婦決心要讓女兒像聽力正常的孩子一樣的長大，所以從小就教她讀唇術，並特別送她去德國，接受專門的說話訓練。雖然

　　梅波可以毫無困難的用語言與人溝通對談，但是她說話的語調沒有強弱輕重的分別，咬字也常含糊不清。除了這點缺陷外，梅波可以說是一個近乎完美的女孩。她出生於富貴之家、自己又聰明美麗、見多識廣，還有一股進取向上和永不服輸的勁兒。

　　哈伯特聽到好友對「貝爾教授」的極度推崇後，親自帶著女兒登門造訪，要求艾力克矯正梅波說話時的平板語調，和增強她吐字發音的清晰度。艾力克對眼前這位亭亭玉立、笑容甜美的少女，產生了莫名的好感，欣然的接受了哈伯特先生交給他的任務。

　　和教喬治一樣，艾力克想出很多有趣的方法來教導梅波。比如說，他叫梅波對著蠟燭發聲，觀察燭火被吹動後的強弱和方向，來確定發聲是否準確。他並

鼓勵從來沒有開口唱過歌的梅波，跟著他大唱蘇格蘭民謠，讓她從中去感覺出音調的高低不同。更好玩的是，他還教梅波跳印第安的戰士舞哩。當他們踩著重重的舞步時，梅波就可以藉著地板的震動，而體會到什麼叫做節奏和韻律了。

「啊，上貝爾教授的課，是多麼輕鬆愉快啊！」梅波興奮的對父親哈伯特說：「他完全不像其他的老師那麼嚴肅和枯燥無味。不過……」梅波輕輕的皺起眉頭說：「貝爾教授為了抽出時間來給我上課，影響到他晚上的實驗工作，常常要做到深夜還不能睡呢！」

「做實驗？做什麼實驗？」哈伯特有些好奇，他對梅波說：「下次妳去上課時，代我和妳母親邀請貝爾教授，星期六來家裡用晚餐吧，我想和他多談談。」

　　星期六的晚餐桌上，氣氛非常和諧。哈伯特夫婦對女兒在語音方面的進步大為滿意，並誠懇的謝謝這位年輕的老師。飯後，哈伯特忍不住問艾力克:「聽說你正在進行一項實驗，我很有興趣，可以說來聽聽嗎?」

　　「當然，」貝爾站起身來，走到鋼琴邊坐下來。他先用腳踩在踏板上，然後再對著琴弦發出「啊──」的聲音，而琴弦就傳出了「啊──」的回響。他又試著「嗚──」，琴弦又傳出「嗚──」的回響。

　　哈伯特不解的問:「這是什麼意思呢?」

　　艾力克答道:「這只是我用音波振動時產生的現象，來示範我的假設。電流的衝力和音波的振動相似。『電報』是靠電流傳送的，幾條信息的電報可用不同頻率的電流，經過一條電線傳送出

去，而在電線另一端接收時，也可因頻率不同而分辨出不同的信息。我稱這種多條信息的電報為『和諧電報』，我正在做求證的實驗呢。」

深具商業頭腦的哈伯特，立刻做出反應:「這不就是西聯電報公司正在徵求的新發明嗎？看來你已經很有進展了。如果你所謂的『和諧電報』能夠研發成功，電報公司就可以因為成本大幅的降低，而賺大錢哩！而打電報的人，也不必付出像現在這麼昂貴的費用啦。這真是一項又賺錢，又能造福社會的重大發明啊。」

哈伯特深深打量著面前的年輕人。從艾力克教學的認真態度，和靈活的方法來判斷，這個年輕人的決心和毅力是顯然可見的。哈伯特用信任的口吻，對艾力克說:「我對你所說的『和諧電報』，非常有興趣，而且，想和

你合作。我希望你能暫時放下其他的事，全心全力投入這項工作，不要讓別人搶先發明了。我會和桑德士先生商量，邀他入夥，並和我一起資助你所有的費用。不過，我有一個條件，必須先說在前面，那就是，如果你的發明成功了，賺來的利潤，可要三人平分喔。」

「那當然！那當然！」艾力克喜出望外的回答著。

「聽梅波說你很忙，還常常要熬夜做實驗，是真的嗎？」哈伯特打量著艾力克蒼白瘦削的面頰，又說:「這對你的健康很不利啊。也許你應該僱一個助手幫幫忙，這樣實驗的進展也會快些。不要擔心錢的問題，助手的費用，我也會出的。」

艾力克高興得不知道說什麼才好，只有用感激的眼神，來傳達他對哈伯特的謝意。

13 得力的助手

　　波士頓的「法院街」上，有一家眾所皆知的店鋪，名叫「查爾斯・威廉姆工作室」。那裡的技師，個個都本領高強，有一流的手藝，能製作出顧客想要的電器、工具、模型，還有各式各樣的儀器。

　　艾力克的雙手，彈起鋼琴來非常的靈活，但是要做實驗用的模型時，就變得很笨拙啦。他會把線圈纏得歪七扭八、電池的電流總弄不通，裝上的按鈕又劈里啪啦的脫落，這些手工技術上的難題，常常讓艾力克感到頭痛，並拖延了實驗的進展。

　　每當他經過「查爾斯・威廉姆工作室」時，總是很羨慕那些進進出出的人們。他也常想走進去，委託店裡的技師，幫他做出

精確的儀器和模型。但是，對一個窮教授來說，怎麼付得起那些費用呢？

然而，現在可不同了。有了哈伯特和桑德士的資助，艾力克帶著設計圖，大大方方的跨進了工作室。他逕自走向櫃臺，說明來意。老闆威廉姆先生指著大工作檯後面，一個滿頭黑髮的瘦高個兒，說道：「貝爾教授，你去找『湯姆士‧華生』那小伙子談談吧。別看他才二十歲，他可是我們工作室裡最聰明、最靈巧的技師了。你的運氣真不錯，看來他現在正好有空呢！」

當艾力克快步向華生走去時，華生靈活的眼睛也正向艾力克望過去：「我的天啊，又來了一個『發明家』，希望不要像上一個那麼囉嗦才好。」

艾力克做了一個簡單的自我介紹後，就對華生說：「我正在做

一個發送多條電報信息的實驗，我想請你幫我做出發送器和接收器的模型。喏，這是我帶來的設計圖，請你看一下。」

華生立即被艾力克不疾不徐的語調、典雅的措詞和謙遜的態度所吸引了。他拉了兩張高椅子過來，就在工作檯上攤開了設計圖，和艾力克熱烈的討論了起來。

華生小時候家境貧寒，十二歲時就被退學了。雖然沒念過多少書，但他天資聰穎，靠著工作之餘的自修，現在已經成為一個小小的電學專家了。他給艾力克的設計，提出了許多意見。他倆你一句我一句的，忽然發現四周安靜了下來，原來同事們都下班走光了，看門的工人正走過來要鎖門啦。但他倆都覺得意猶未盡，艾力克就邀請華生，去他宿舍裡的餐廳用餐，並繼續他們的

談話。

　　華生一直是在一個工人階層的環境中長大的，根本不懂什麼是餐桌禮儀。當他用刀戳了一塊肉排，正要往嘴裡送時，艾力克好意的勸止：「華生，我比你稍長幾歲，可以做你的哥哥了。你不介意我教你如何正確的使用刀叉吃飯吧？」

　　華生望著滿臉誠意的艾力克，羞赧的點了點頭。他心想：「如果真能有這樣的哥哥在身邊就好了，他溫文爾雅的言談和舉止，都是我可以學習的榜樣啊。」他用仰慕的口氣對艾力克說：「你和其他那些來工作室的發明家都不一樣，你講話特別清楚動聽，而且有條有理，請問你是怎麼做到的？」

　　艾力克爽朗的笑了起來：「哈哈哈，我是一個教聾人說話的老師呢，當然講話要講得清清楚楚

楚，有條有理才行啦。其實，從小我的祖父和父親，就教我朗誦古典名劇，那對我說話時的語調也很有幫助呢。如果你有興趣，我借你幾本莎士比亞的名著，帶回去讀吧。」

飯後，他們來到宿舍公用的客廳裡，艾力克坐在鋼琴椅上，開始彈奏一些輕快的短曲。華生從來沒有聽過這麼好聽的曲子，他對這位剛剛認識的「發明家」更加的崇拜了。他決定明天一上班，就要向老闆要求，派他專門做艾力克的助手。如果能和艾力克在一起，他可以學到的東西實在太多了。而且，他深信只要將他們兩人的專長加在一起，共同努力，一定會完成一項偉大的發明。

當華生離去時，他一手抱著幾本古典名著，一手揚起那張電報設計圖，愉快的對艾力克說：

　　「請你明天下午兩點去工作室，你要的發送器和接收器，一定會準時做好！」

14 我還有
一個想法……

　　艾力克得到了這麼好的助手，當然是欣喜萬分，要是兩人都能全時間的投入去做實驗，那真是再理想不過的事了。但他冷靜的想了想，目前他得到的資助，只勉強夠付與實驗有關的開支，絕對沒法子再供兩個人的生活費用。為了有收入過日子，艾力克和華生不得不保持原有的工作。

　　因此，在白天裡，艾力克繼續教書，而華生也依舊在工作室裡當技師。但下了班以後，整個晚上的時間，就可以由他們自己支配了。慷慨的威廉姆先生，允許他們利用工作室的閣樓當實驗室，沒有任何時間的限制，也完全免費。

　　每天晚上，艾力克和華生就

在閣樓裡，聚精會神的埋首於實驗中，常常不知不覺的做到凌晨，才回去睡覺。由於缺乏睡眠和過度的勞累，艾力克頭痛的老毛病又犯了。當他給梅波上課時，細心的梅波注意到老師的臉色越來越蒼白，就十分關心的勸艾力克要注意身體。這時，情竇初開的梅波，發現自己已經愛上比她大了十歲的老師。

從那以後，梅波經常親自做了美味的晚餐，送去工作室，給艾力克和華生加油打氣。有一次，她還帶來一幅包紮得很漂亮的油畫，說是她為艾力克畫的畫像。

「畫的是我嗎？」艾力克驚喜的急急拆開包裝紙。

「是啊！不像嗎？」梅波調皮的笑著。

艾力克也不禁哈哈大笑了起來。一隻貓頭鷹，是的，太像

了！牠也是一個晚上不睡覺的傢伙哩。艾力克很高興的把畫掛在實驗室的牆壁上。甜蜜愛情的滋潤，使他的身體恢復了健康，精神也更加振作了。

有了華生的幫助，艾力克的實驗逐步在進行著，但也常會遇到膠著不前的時候。有一個夜晚，閣樓裡出奇的悶熱，他們的工作也很不順利，發出去頻率不同的電流，怎麼樣都不能順利的到達另一端的接收器，總是在中間就混雜成一團了。汗流浹背的艾力克試了又試，沮喪到了極點。最後，他站起身來，失望的說：「我對這個電報的實驗已經煩透了，算了吧，不幹啦。」他走到窗邊，對著窗外亮晶晶的星星，長長的嘆了一口氣。

華生感到非常訝異，他從來沒有聽過艾力克輕言放棄。他走到艾力克的身邊，體諒的說：「也

許天太熱，你也太累了。今天就到此為止，明天我們再試吧。」

艾力克望著華生，感激的說：「謝謝你對我一直這麼有信心，其實……我還有一個想法……」

華生遞來一個鼓勵的眼神，艾力克接著說：「……我想……把人的聲音，像電報一樣，藉電流傳送到遠方……。你看，當我和你說話的時候，發出彎彎曲曲的音波，經過空氣傳到你的耳中，你的耳膜受到振動後，就可以聽到我說的話了。就是這個道理，如果我們能把彎曲的音波，變成彎曲的電流，藉著電線傳出去，在接收的那一端，做一個像人的耳膜一樣的儀器，不就可以聽見了嗎？這樣，不管距離多遠，人們都可以直接用話語互相溝通，不是比電報還要方便得多了嗎？這才是我心中真正想要做的實驗

啊。」

艾力克這個「大膽」的想法，反而讓華生覺得非常興奮。他細細思考著，然後張大了一雙慧黠的眼睛，說道：「這個想法真有意思，這並不是不可能的呀。不過，怎麼能做出像音波一樣彎曲的電流呢？」他猶豫了一下，又說：「這樣的實驗，可能要花更多的錢吧？你覺得……」

艾力克打斷了華生的話，高興的拍了一下大腿，說：「只要你認為這個想法可行就好。至於錢的事嘛，我再去找哈伯特先生商量商量。」

哈伯特先生可沒那麼好商量。他怒氣沖沖的對艾力克說：「我和桑德士出錢是為了要你發明出『和諧電報』啊。老實說，我早就不滿意你這樣緩慢的進展了！現在，你還要改變主意，去做什麼傳送聲音的實驗！還說將

來分開兩地的人們可以直接通話聯絡，不再需要電報了。這簡直是天方夜譚嘛！我看你是和我女兒談戀愛，談昏了頭吧！從今天起，我不准你再和梅波見面，直到你做的『和諧電報』成功為止。」

　　哈伯特先生還沒說完呢！

「艾力克，我勸你立刻去華盛頓，把你現有的『和諧電報』構想，先去申請個專利，免得被人捷足先登。如果真的到那個地步，不管是你的『想法』，還是我的『投資』，就全都要泡湯啦。」

15

學會它！

　　艾力克左思右想，哈伯特先生的話也不無道理。「和諧電報」的實驗已經做了這麼久了，若是現在半途而廢，以前的努力，不就都泡湯了嗎？看來，他也沒有另外的選擇，還是先把「和諧電報」發明出來，這樣哈伯特就不會阻止他和梅波的交往，而這項發明所帶來的利潤，也就足以讓他發展用電流傳送聲音的計畫了。

　　艾力克聽從哈伯特的建議，決定先去華盛頓，申請「和諧電報」的專利權。坐在往南下的火車上，艾力克翻閱著報紙。偶然間，他看見一篇介紹華盛頓史密松寧學院院長「約瑟夫・亨利」先生的文章。其中提到這位年高德劭的院長，是一位舉世聞名的

科學家，他最喜歡和有創意的年輕發明家互相研討交流。

因此，從專利局出來後，艾力克就決定前往史密松寧學院，去拜訪這位院長亨利先生。

亨利先生是位慈祥的長者，一點都不擺架子，他親熱的歡迎艾力克：「小伙子，聽我的祕書說，你剛才去過了專利局，是嗎？來來，請坐，快告訴我，你發明了什麼？」

老院長平易近人的態度，使艾力克忘卻了緊張，並開始滔滔不絕的解釋起「和諧電報」的構想和他的實驗進展。老院長一邊聽一邊點頭，他仔細的檢驗著艾力克帶去的模型，並提出了許多尖銳的問題，以及改進的意見。最後，他拍著艾力克的肩膀，滿面笑容的說：「年輕人，恭喜你啊！再加把勁兒，你的成功就在眼前啦。」

　　當老院長送艾力克到門口時，艾力克囁嚅的說：「亨利先生，我……我還有一件事想向您請教。不過……不過，您可能會認為我在浪費您的時間呢。」

　　老院長和藹的說：「快別這麼說，只要你願意和我討論，我永遠都可以騰出時間來的。請你不要客氣，說出來聽聽吧。」

　　艾力克用有些不安的口氣，說出用電流傳送聲音的想法。他擔心亨利先生會笑他痴人說夢，趕緊又說：「這當然只是一個遙遠的夢想啦。不過……」他的眼睛閃爍出光芒：「如果……我的夢想能夠實現，那麼將來人們不論分開多遠，都可以靠電線來互相通話……」

　　「太好了！太好了！」老院長鋒利的雙眼，也放射出光芒，他緊緊握住艾力克的手，激動的說：「這是一個會改變世界的偉大

夢想！只要有夢想，就有成功的機會。」他興奮的接著說：「你瞧，我連你這項發明的名字，都替你想好了，就叫它為『電話』吧！」

「可是……」艾力克的眼睛忽然暗淡了下來：「我是一個教聾人說話的老師，並不是一個科學家。要發明『電話』這東西，恐怕得精通電學才行。我的電學知識粗淺，大概沒有能力去達成我的夢想。您看，我是不是應該把這個『電話』的構想，寫成一篇論文發表，而讓別人去把它發明出來呢？」

老院長皺起了眉頭，臉上出現不悅的神情。他用教訓的口吻對艾力克說：「你可別忘了，『山繆‧摩爾斯』原來是個畫家，但他卻發明了電報。你雖然是個教說話的老師，為什麼就不能發明電話呢？」

老院長的口氣越來越嚴厲：

「因為你不懂電學，就想把你寶貴的構想拱手讓人嗎？這是沒有出息的想法！只要有決心，天底下沒有什麼東西是學不會的。你說你不懂電學，那麼，就去學會它！」

16 不清楚，但聽見啦！

坐在回波士頓的火車上，艾力克的耳中，重複響起的盡是「學會它！學會它！學會它……」的聲音。他下定了決心，回去後暫時停止教書和兼課，全心全力的投入「和諧電報」和「電話」的發明。沒有教書的收入，也許就要挨餓，但這也不是個大問題，每天吃一個蘋果、幾塊乳酪、喝點白開水，也就可以過日子了。但是他不能要求華生跟著他餓肚子，華生應該保持他白天在模具工作室的工作，只要晚上來閣樓裡幫忙做實驗就行了。好在，波士頓到處都是圖書館，借書來自修，是很容易的事。在各個大學裡也有不必花錢的電學課程，允許人們去旁聽。還有，艾力克已經認識了許多麻

省理工學院的教授學者們，也可以隨時去和他們討教啊。

艾力克通過各種的努力，累積的電學知識，就越來越豐富了。在這個過程之中，他會根據所學，不斷的改進他的實驗方法，和更換使用的器材。後來，他發現用鋼絲做的線圈，振動性比較持久，可以讓他們有較充裕的時間來調整傳送和接收的音波。他要求華生依照他的設計，製作出新的模型。

日復一日，他倆在悶不透氣的小閣樓上，反覆的做著相同的實驗。那就是，華生在走廊一端的房間內，用旋轉螺絲調整著發送器的鋼絲圈，讓線圈內電流的振動經過一條長長的電線，送到走廊另一端的房間內。艾力克則在另一端的房間裡，也用旋轉螺絲，調整著接收器的鋼絲圈，然後把他靈敏的耳朵貼近接收器，

希望能聽見發送器傳過來的任何細微的振動聲。

1875 年 6 月 2 日的那一個晚上，他們像平常一樣，悶聲不響的對著儀器試了又試。忽然，艾力克在接收器的這一端，聽見模糊的「鏘噹」一聲。「那是什麼聲音？」艾力克從椅子上跳了起來：「我在接收器中，從來沒有聽到過這樣的聲音！」

他立即跑向另一端的房間內，緊張的問：「華生，你剛才做了什麼？我好像聽到電線傳來撥弄鋼絲的聲音。」

華生睜大了眼睛，驚訝的回答：「是呀，剛才我這個線圈的鋼絲纏在一起了，我就試著用手指去撥開它，還發出了鏘噹的響聲呢。」

艾力克的心，都快要跳出胸口了！他興奮的說：「照你剛剛的動作，一模一樣的再做一遍！」說

完，轉身又跑回另一端的房間內，屏息靜聽。一會兒，接收器中又傳來「鏘噹」的一聲，雖然聲音不清楚，但確實又聽見啦。

這真是一個非常幸運的意外！就在調弦撥弄之間，他們竟把聲音由彎曲起伏的電流傳送出去了！如果可以聽見撥弦聲，那麼人的說話聲不也一樣的可以聽見了嗎？

總而言之，聲音可以藉著電流傳送的假設，這時，已經被他們求證成功啦！艾力克和華生太高興了，他們熱烈的擁抱在一起，「嘿、嗨、嘿、嗨」的叫喊著，大跳起印第安人慶祝勝利的戰士舞哩。

當他們冷靜下來以後，艾力克對華生說：「好兄弟，還要麻煩你在這個模型上，再加些東西。」他拿出紙筆，一面畫，一面解釋：「在發送器這一端，加上一個

可以對著說話的管口。而在接收器的這一端呢，加上一個像人的耳膜一樣的金屬片……」聰明的華生，很快就瞭解了。他一拍胸脯，爽朗的說：「沒問題，包在我身上啦。今晚不睡覺，我也要把它做出來！」

艾力克連忙說道：「華生，我倆已經將『電話』這個夢想變成了事實，這是跨過了多大的一步啊！今晚的工作就到此為止，我們都回去休息吧！明天，我們需要更飽滿的精神，來迎接更多的挑戰呢。」

艾力克走在夜晚寂靜的街道上，好像還聽得見自己心臟怦怦的跳動聲。他興奮的情緒久久無法平復。走著走著，他發現自己竟站在哈伯特先生的家門口。梅波房間的燈光還是亮的呢！他已經很久沒有見過心愛的梅波了，因為哈伯特說過，要等到他完成

「和諧電報」後，有能力養家時，才准他和梅波見面。

喔！艾力克多麼想把今晚他在電話發明上的重大突破，告訴梅波啊。如果能和她一起分享心中的快樂，那該有多好。但是，哈伯特先生一定會生氣的說：「『和諧電報』還沒有結果，怎麼又玩起那個叫什麼『電話』的玩具啊?」看來，現在還不是時候，等「電話」能夠清楚的傳送說話的聲音後，再來看梅波吧。

艾力克回到家中，拿出他的筆記本，鄭重的寫下:「1875 年 6 月 2 日，將會是人類歷史上，意義重大的一天。因為就在那一天，『電話』的實驗，得到了初步的成功。」

17 174465——最著名的專利號

　　第二天晚上，華生果然依照艾力克的指示，做出了新的模型。滿懷希望的艾力克，連晚飯也顧不得吃，急忙和華生在閣樓上，一人一端的又做起實驗來了。在發送器的這一頭，華生對著管口，大聲的說：「一、二、三，聽到了嗎？」而在接收器的那一頭，艾力克只能聽見華生含混不清的聲音，卻完全分辨不出他說的是什麼。

　　他們一面調整著新模型的各個部分，一面在悶熱的閣樓裡來來回回的交換位置，不停的嘗試各種的可能性。忽然間，滿頭大汗的艾力克，覺得天旋地轉，「咚」的一聲，他竟不支的昏倒在地上了。

　　華生急忙把艾力克拖到長沙

發上，然後飛快的跑到附近的診所，請來了醫生。醫生的診斷是營養不良和疲勞過度，一定要完全的休息和調養，才能恢復健康。華生只好寫信去加拿大給艾力克的父母，告訴他們有關艾力克的病情。梅維爾和依萊莎立刻拍來了一份電報，催促艾力克盡快回家，他們要親自照顧生病的兒子。

當梅波知道艾力克的狀況後，焦急萬分的趕去探望。她雖然捨不得和艾力克分離，但卻用堅定的語氣對他說：「你一定要學習放輕鬆喔，趕快把身體養好。等你回來，我們就訂婚。」

身體虛弱的艾力克，收拾了簡單的行李，帶著愛人甜蜜的承諾，回到了加拿大的家中。整個夏天，他呼吸著新鮮的空氣，享受著溫暖的陽光，徜徉在青山綠水之間，有時還找老友強生酋長

一起去騎馬打獵呢。他的身體在媽媽依萊莎細心的照料下，逐漸的好轉了。

當秋天來臨，天氣變得涼爽時，艾力克就急著想回波士頓。他想念梅波、華生，當然，還有他那日夜牽掛的「電話」實驗。

在艾力克回加拿大的這段時間裡，哈伯特深深感覺到女兒梅波對艾力克的感情和思念。其實，他也很欣賞這個有理想有抱負的年輕人，但是，這窮小子為什麼還遲遲發明不出「和諧電報」來呢？他又怎能放心把女兒交給這樣一個前途不穩定的人呢？

1875 年 11 月 25 日，是梅波十八歲的生日，也是一年一度的感恩節。哈伯特夫婦應女兒的要求，邀請艾力克來家裡一塊兒慶祝，並共進傳統節日的火雞大餐。用餐時，梅波嬌憨的對哈伯

特夫婦說:「爸爸、媽媽，您們能送我一個生日禮物嗎？」

哈伯特夫人微笑的答道:「好的。我的女兒，說吧，妳想要什麼?」

勇敢的梅波，直截了當的說了出來:「我已經答應艾力克的求婚了。今天是我倆訂婚的日子。我要的禮物，就是家人——特別是爸爸媽媽對我們的祝福。」

餐桌上一片寂靜，所有的眼光都集中在哈伯特先生的身上。過了一會兒，哈伯特高高舉起了酒杯，用愉快的聲音說:「愛情的力量是阻擋不住的。我們全家人都祝福你們將有一個美滿的姻緣。」所有的人都鬆了一口氣，跟著舉杯祝賀，歡笑聲充滿了整個房間。艾力克心中的一塊大石頭，這才放了下來。

「但是，」哈伯特望了艾力克一眼，「我有一個條件。你們的

婚禮，只有在艾力克完成『和諧電報』之後，才能舉行。艾力克，你說說看，那大概還要多久？」

艾力克趁著歡樂的氣氛，鼓起勇氣向哈伯特說明「和諧電報」的進展並不如預期。「不過，」他露出了笑容：「我的另一項發明——『電話』，已經大有眉目，並可以向您示範了。」

第二天一早，哈伯特就出現在小閣樓裡。艾力克和華生興奮的向他展示了他們的新發明。哈伯特很高興看見艾力克的夢想已經具體化了，並同意「電話」這東西，可能比「和諧電報」更有價值。他對艾力克和華生說：「我有兩點建議。第一，你們應該盡快搬離這個地方，因為樓下工作室走動的人很多，萬一有人上來看見你們的模型，可能會抄襲呢。第二，趕快去華盛頓，申請

這個『電話』的專利。」

「可是，」艾力克搖了搖頭：「我們的電話模型，還沒有到完善的地步。目前，還是不能清晰的聽到傳過來的語句呢。我急著要把這個問題解決，實在沒有時間去華盛頓申請專利啊。」

哈伯特已經非常瞭解艾力克固執的脾氣了。當天下午，他就買了一張火車票，親自去華盛頓，為他的準女婿申請電話的專利。就在他把申請書遞進專利局後的兩個鐘頭，另外一位名叫「艾爾沙·葛雷」的發明家，也遞進了一份「說話電報」的專利申請書。

辦理專利權的職員，看見先後送進來的兩份申請書——「電話」和「說話電報」，他們的構想竟是那麼的相像。那位職員自言自語的說：「『艾爾沙·葛雷』先生，可惜你來晚了一步。」然後

他拿起「亞歷山大・格蘭姆・貝爾」的申請書，在上面重重的蓋了一個章——「174465 號」。

那時，誰又會想得到，這個幸運的 174465 號，將會成為人類歷史上，最著名的專利號呢？

18 華生，快過來，幫幫我！

　　艾力克聽從了哈伯特先生提出的「搬離小閣樓」的建議。不久後，他和華生就搬入了「艾克斯特街五號」的一棟寄宿樓裡。那兒是一個很理想的地方，不但房租便宜，而且在他們租用的那層樓上，只有頭尾兩個房間，中間隔著一條長長的走廊。這正適合他們的需要，用一條電線穿越過走廊，連接起分別放在兩間房內的發送器和接收器。

　　安定下來後，華生也不去工作室上班了。兩個年輕人，從早到晚，狂熱的投入無數重複又重複的實驗之中。傳到電話接收器中的話語，仍然不是很清楚，但他倆都知道，成功就在眼前，他們要心無旁騖的努力衝刺到終點。

　　1876 年 3 月 3 日，忙於工作的艾力克，根本忘記了那一天是他二十九歲的生日。哈伯特和梅波父女倆，突然的出現在艾力克的住處。艾力克雖然很高興見到他們，但因為太忙了，幾天來都沒有刮過鬍子，沒有換過衣服，他為自己邋裡邋遢的樣子，感到很尷尬。

　　捧著一個大蛋糕的梅波，卻一點兒也不在意。她走向艾力克，在他的臉頰上輕吻了一下，高興的說：「祝你生日快樂！這是我親自為你做的蛋糕。」哈伯特先生揚起手中的一個大信封，也走了過來，滿臉笑容的把信封交給了艾力克，欣喜的說：「恭喜你啊，這是你的『電話』專利證，已經被批准了！」

　　哇！這是多麼好的生日禮物啊！梅波、艾力克和華生立刻相擁成一團，「嘿、嗨、嘿、嗨」

的大跳起勝利戰士舞啦。喔，不，這一回，連一向矜持穩重的哈伯特先生，也加入了他們，高高舉起雙手，搖擺著身體，重重踏著快樂的舞步哩。

取得了「電話」的專利後，艾力克和華生，更加積極的要找出傳送清晰話語的方法，好讓他們的新發明能成為真正實用的產品。他倆越發不分早晚的埋首於工作了。

俗話說：「皇天不負苦心人。」一個星期之後，他們的實驗終於有了重大的突破啦！事情的經過，是這樣的。

那天晚上，華生照例坐在房間裡，對著發送器的管口，不停的說話唱歌，甚至還朗誦起莎士比亞的名句呢。但是在走廊另一端房間內的艾力克，卻只能聽到微弱的嗡嗡聲，過了一會兒，竟什麼也聽不見了。

艾力克心想：「華生這傢伙，大概累得睡著了吧？」他焦急的穿越過長長的走廊，用力推開華生的房門，「喂，你是不是在打瞌睡啊？我等了老半天，接收器中什麼也聽不見啊。」

可憐兮兮的華生，用沙啞的聲音回答：「我已經念了大半本的莎士比亞啦，你聽，『要做——？還是不做——？這是一個基本的問題——』」他把書往旁邊一丟，嘆口氣說：「哎！看來今晚又是一個令人失望的夜晚了。這樣吧，我們換個位置，你來念，我去聽。」

艾力克無可奈何的坐下來，正要拿出桌上的莎士比亞照著念時，無意中看見架子上有瓶硫酸液。他想起書上說過，硫酸可以改變電流的速度，不妨倒一些在傳聲筒中，試試看會有什麼結果？因為實在太累了，艾力克的

手微微顫抖著，一不小心就把硫酸液潑灑在褲子上。艾力克的大腿，立刻被灼傷得又痛又燙，慌亂中，他大聲的喊著：「華生，快過來，幫幫我！」

不一會兒，華生就推開了門，同樣大聲的問道：「艾力克，是你在叫我嗎？」

「什麼？你怎麼聽到的？」

「我從接收器中，很清楚的聽見你叫我過來幫幫你啊。」

艾力克完全忘了疼痛這回事兒，他高興得又笑又叫，「華生，我們成功啦！成功啦！發送器和接收器溝通了，『電話』終於誕生啦！」

當樓下的房東太太，聽見樓上的地板又發出「咚、咚、咚、咚……」的震動聲時，她不禁咕噥著：「這兩個年輕人，這麼晚還不睡！又在跳那個瘋瘋癲癲的『勝利戰士舞』，哎，真搞不懂

他們到底在做些什麼啊！」

艾力克的筆記本上，又增加了一條重要的記載:「1876 年 3 月 10 日，『電話』發明成功。『華生，快過來，幫幫我！』成為人類歷史上，第一句用電話傳送的話語。」

19 國王揮汗讚神奇

　　艾力克指著桌上的模型對華生說：「老弟，謝謝你啊。這一年多來，要不是你的幫助和支持，我這個電話的構想，是不可能這麼快就成為事實的。現在，電話的雛型雖然已經做出來了，但我們還得繼續去改善它，確保人們在使用的時候，會覺得又簡單又方便。」華生同意的點了點頭。艾力克又說：「不過，我們不需要再日夜不休的做實驗了。我倆都可以回到原來的工作崗位上，同時抽空再去做完善電話的工作。」

　　在艾力克的心中，「發明」是他的興趣，「聾人教育」才是他真正的職業。固執好強的他，兩者都想兼顧呢。於是他又回到學校教書，不僅教耳聾的學生說話，還教他們的父母和老師，如

何和聲生溝通。

　　1876 年的 7 月 4 日，是美國建國一百週年的紀念日。為了慶祝這個極有意義的日子，政府準備到時候要在費城舉辦一個盛大的展覽會，展示美國百年來的重大發明和各方面傑出的成績，許多外國的政治顯要、達官貴人都被邀請前來觀展。

　　6 月 14 日那一天，艾力克正在教室裡為學生講解看圖發聲的方法時，忽然看見校長陪伴著一位穿著體面的外國紳士走進教室。經過校長的介紹，艾力克才知道這位訪客，竟然是巴西的國王呢。國王露出溫和的笑容，友善的說:「我本人對聾人的教育方法，非常關心。這次應邀前來貴國參觀百年慶展，想順便收集一些這方面的資料。所以就做了貴校的一位不速之客啦！貝爾教授，如果你不介意，我可以旁聽

一下嗎？」巴西國王對艾力克的教學和示範非常有興趣，竟聽完整整一堂課後才離開。

那天晚上，艾力克興奮的告訴梅波有關巴西國王造訪的事。梅波靈活的眼珠轉了轉，想到一個主意：「艾力克，你不是說你的電話已經到了可以向人展示的地步了嗎？為什麼不去參加百年慶展的展出呢？所有參觀展覽的人，都會看到你的發明，這是天大的好機會呀！」

艾力克楞了一下，「是啊，我怎麼沒有想到？不過……」他猶豫著說：「這兩個星期，學校裡正在舉行期末考，我哪裡抽得出時間去費城安排布置呢？而且，聽說報名參展早已截止，這個週末就要開始展覽和評選最佳展品了，我怎麼來得及呢？」

梅波鼓勵的說：「波士頓離費城並不遠，你週末去一趟就可以

啦，不會耽誤學校的工作的。我還可以請威利表弟當你的助手，陪你一起去。至於報名的事，我會去找父親商量，請他想個辦法。」

那個星期六，艾力克和威利，就去了費城。偌大的展廳裡，除了各式各樣的展品外，還有世界各國送來的，令人眼花撩亂的精美禮物。當艾力克發現他的展覽攤位竟是在展廳尾端的一個小角落時，不禁有些失望。威利卻聳聳肩說：「你這麼晚才報名，能准許你參展已經不錯了。」艾力克也同意他的說法，兩人立刻動手把電話模型安置在桌上，並將一條電線從廳首拉到距離數百呎外的廳尾。

第二天，也就是星期日的下午，展廳暫時關閉，只有參展的人可以留在裡面，因為那是評選展品的時段。午後一點整，大門

被推開了。魚貫進入幾位頭戴高高的禮帽，身穿正式禮服的評審委員，他們都是極有名望的人物。坐在另一端角落裡的艾力克和威利，雖然很想一睹那些大人物們的風采，但距離太遠，實在看不清楚，只好耐心的等待評審團走近時再看吧。

評審委員們按照攤位的排列，依序的觀看討論著。熱辣辣的太陽，正透過四面的大玻璃窗，射入氣氛緊張的展廳內。評審團中有多位年紀很大的老先生，他們的腳步越來越緩慢，並不時脫下禮帽來頻頻擦汗。終於，他們走近了，艾力克驚喜的發現，巴西國王竟也是評審委員之一呢。

眼看就要輪到艾力克的攤位了，但是評審團卻停了下來。艾力克聽見其中一位老先生抱怨，說他熱得快要昏過去了！其他的

委員們也應和著，並決定就到此為止，剩下的攤位，等明天早上，天氣涼爽一些時再繼續看吧。

「明天早上？那不就是星期一了嗎？我得趕回學校工作，又怎能留在這裡為他們做示範呢？」情急之下，艾力克對著正要離去的巴西國王，大叫了一聲：「國王陛下，請等一等……」

巴西國王一轉身，額頭上的汗珠都滴落了下來，「啊，那不是……貝爾教授嗎？」他熱情的走了過來，並親切的和艾力克握手。站在一旁的威利，驚訝得連下巴都要掉在地板上了。

「貝爾教授，你怎麼會在這裡？」國王望著桌上的電話模型，接著問道：「這是你的展品嗎？」艾力克急忙回答：「是的，國王陛下。我可不可以現在為您做一個示範？因為，明早我得趕回波士

頓為學生上課，不能留在這裡向評審團解說我的發明呢。」

「嗯……教書也是很重要的工作……」國王立刻叫回其他的評審委員：「各位先生，請看在我的面子上，給這位年輕的朋友幾分鐘吧？」誰又敢說不呢？「巴西國王」，畢竟是政府特別邀請來的貴客啊！

艾力克拿起發送器，用最快的速度跑向大廳的另一端，並把預先連好的電線插上。在攤位上的威利，也準備好接收器，讓國王拿在耳邊傾聽。

「要做——？還是不做——？這是一個基本的問題——」艾力克的聲音，清晰的傳到了國王的耳中。國王不可置信的睜大了雙眼，他指著接收器，興奮的說：「我聽見了！我聽見了！貝爾教授在朗誦莎士比亞戲劇『哈姆雷特』中的名句呢！」

　　評審委員們一個接著一個的，輪流拿起了接收器，清清楚楚的聽見遠在幾百呎外的艾力克，用他那低沉有力的聲音，唱著蘇格蘭的民謠，或念著古典名著中的句子。他們不斷的發出讚嘆的聲音。

　　「太偉大了！」

　　「太神奇了！」

　　沒有一個人還記得天氣太熱的這回事兒，也沒有一個人吵著要離開展覽廳了。

20 電話可以
賺大錢嗎？

　　不用說，這個被稱為「電話」的新發明，不但讓前來觀展的人們嘖嘖稱奇，也贏得了美國百年慶展中，展品比賽的第一名啦。

　　雖然如此，一般人只認為「電話」這東西新奇有趣，但想不到它在日常生活中，究竟能起什麼作用。報紙上的評論也說：「貝爾教授發明的『電話』雖然得獎，但它有什麼實際的用處呢？看來不過僅僅是一個會變魔術的玩具罷了！」

　　得到這樣的反應，當然令艾力克很傷心啦。但是，他也瞭解到，要讓人們接受「電話」這個新觀念、新產品，他還有很多的工作要做。到目前為止，電話只能單向傳聲，並只能在短距離

內，連接起專用電話線才能使用。若要使電話成為一個真正能幫助人們溝通的工具，它必須具有雙向說話和接聽的功能，還得能夠用於更遠的距離，和更廣闊的地域才行。

艾力克決心要面對這些艱難的挑戰。他對華生說：「目前，用來傳遞電報的電線網，早已在各地建立起來了。如果我們能夠利用這些已有的電線網，同時來傳遞聲音，那麼，可以使用電話的區域，不就會和電報一樣的普遍了嗎？」他想了想，又說：「上一次我回加拿大班特福的家中時，發現鎮上一家熟識的雜貨店，同時也成為當地的電報站了。以前我住在那兒的時候，常去那家店買東西，和老闆很熟呢，他一定會讓我借用一下電報線來做實驗的。」

艾力克站起身來，匆匆的

說：「我這就動身，華生，拜託你去梅波那兒打個招呼，說我很快就回來，你們等我的好消息吧。」

雜貨店的老闆笑呵呵的說：「真的嗎？百年慶展上得獎的『電話』，要在我這兒進行測試？那是我們小店的光榮啊！」他並熱心的和鄰近的「普來生」鎮電報站聯絡好，一起協助這項他認為十分具有歷史意義的實驗。

鎮上的居民都非常興奮的聚集在雜貨店內，他們想看看那個老是唱歌給鋼琴聽，又對著死人耳朵說話的傢伙，這次又有什麼新的把戲？艾力克將聲音發送器在班特福鎮的電報站安裝好後，立刻騎馬去五哩外的普來生電報站裝置接收器，那裡也同樣擠滿了好奇的人們。

不久，牆上的掛鐘噹噹噹的響了十二聲。正午到了，那是雙方約定好的時間。艾力克閉上眼

默禱了片刻，然後緊張的拿起接收器。

「喂，你們好！我是班特福雜貨店老闆啊，你們聽得見我說話嗎？」普來生電報站的人們，立刻爆出了一陣歡呼。兩鎮因隔得很近，居民都互相熟識，那的的確確是五哩外班特福傳過來的聲音啊！

艾力克趁人不注意時，偷偷擦掉眼角快樂的淚水，因為電報線可以同時用做電話線的假設，得到了證實！可惜，兩鎮的人們還無法用電話互相對話。如何能使電話的兩端，都有發送和接收聲音的功能，就是艾力克下一步要努力達成的目標了。

艾力克和華生，又開始不眠不休的工作了起來。可憐這對難兄難弟，雖然腦袋裡有著滿滿的理想，口袋裡卻常常空空如也，不但沒有錢買食物，還要時時躲

避來催房租的房東太太。他們只好互相激勵著對方：「再堅持一下，只剩最後一步就完全成功啦！」

在 1876 年的 10 月間，他倆終於完成了第一部可以互相溝通的電話機。哈伯特先生非常高興，他對艾力克說：「如果你能做一些宣傳的工作，把『電話』做成商品賣出去，一定可以賺大錢。」但是，艾力克並不是一個會做生意的人，他想把電話的專利權，用一個好價錢，賣給財力雄厚的「西聯電報公司」。拿到錢以後，就可以馬上和梅波結婚，也可以投資在他想發展的聾人教育事業上了。

沒想到，「西聯電報公司」竟然一口拒絕，並嘲諷的說：「所謂的『電話』，只不過是一個玩具盒子罷了！」艾力克聽到這個大公司的反應後，非常失望，並將

這個壞消息告訴了梅波。

梅波卻說：「依我看，『西聯電報公司』不肯買電話的專利權，主要是因為父親常以律師的身分，干涉那家公司的一些壟斷行為，引起他們的不滿。也許他們發現了你和我們家的關係，才拒絕你的。」梅波用溫柔的語氣，鼓勵的說：「親愛的艾力克，你本來就是一個傑出的演說家，何不利用你的長處，去各處演講，宣傳介紹你的發明呢？我相信父親和桑德士先生，都會願意與你合作，用他們的專長來幫助你的。」

貝爾聽從了未婚妻的建議，並在華生的協助下，到各處去演講示範。人們開始認識到電話是比電報更直接、更方便，也更快速的溝通工具。醫生、警察、救火員，只要一接到求助的電話，就可以趕去救人。做生意的商人，若用電話互相聯繫，會節省

不少成本和時間。而一般老百姓，也不必再靠通信的方式，只要拿起電話筒，就可以互相問候和互通消息哩。

艾力克的演講，越來越受到重視，各大報紙也一常刊登有關電話的報導。艾力克開始收到紛紛而來的電話訂購單。到了 1877 年的 6 月，他已經收到了超過兩百張的訂單。他一方面委託威廉姆工作室加緊製作電話，一方面和哈伯特、桑德士商議共組公司，來管理蓬勃發展的業務。

1877 年 7 月 9 日，「貝爾電話公司」正式成立了。艾力克絕對沒有忘記和他並肩作戰的伙伴，他分給華生十分之一的專利權，和部分公司的股份。

而他自己呢？電話會不會讓他賺大錢倒還在其次，重要的是，他完成了電話的發明，現在可以準備和梅波結婚了。

21 有情人
終成眷屬

　　俗話不是說「有情人終成眷屬」嗎？這句話再一次的應驗了。1877 年 7 月 11 日，三十歲的艾力克和二十歲的梅波，終於在哈伯特夫婦的家中，舉行了一個盛大而溫馨的婚禮。

　　婚禮的前一天，哈伯特的家中簡直忙翻了天。送花的、送蛋糕的、送禮物的、試衣服的……當梅波穿梭在樓上樓下、屋裡屋外，忙著張羅婚禮的瑣事時，滿面春風的艾力克，忽然出現在大門口。他對梅波說，「我們去花園裡坐一下，好嗎？我有一樣結婚禮物要送給妳。」

　　兩個人親密的坐在白色的長椅上，四周圍繞著盛開的玫瑰花。艾力克從口袋裡拿出一個白色的長信封，慎重的交給了梅

波。梅波抽出信紙，輕聲的念著：「本人，『亞歷山大·格蘭姆·貝爾』，願意將我在『貝爾電話公司』所有的股票，轉讓給我的妻子『梅波·哈伯特』。日後，所有因我發明的『電話』而得到的財富，也將全部歸在她的名下……」

梅波的眼中，已貯滿了淚水，她感動的說：「喔，艾力克，你這樣做，不是等於把你的未來，都交在我的手中了嗎？」

艾力克深情的望著心愛的未婚妻，堅定的點了點頭，說道：「是的，那是我真誠的決定。能和妳廝守終生，就是我最珍貴的財富了。」

婚禮後，一對快樂的新人，在親友們的祝福下，前往加拿大的尼加拉大瀑布，做了短暫但甜美的蜜月旅行，然後就趕回艾力克在班特福的家中。梅維爾和依

萊莎，喔，不，應該說，所有班特福的居民們，都在熱切的等待著這位給小鎮帶來驕傲的新郎，和他美麗的新娘呢。

依萊莎敞開家中的大門，歡迎所有的人來參加為艾力克和梅波開的派對。人們帶著美味的點心，和陳年的好酒，川流不息的前來道賀。歡笑聲、鋼琴聲、歌唱聲……幾乎震動了整座房子。

忽然，掛在牆上的電話，「鈴……鈴……鈴……」的響了起來。「是誰打來的呢？」艾力克急忙跑過去接聽。聽筒中咿哩哇啦的傳來一陣印第安語，艾力克驚喜的對著話筒喊道：「強生酋長，真的是你嗎？」

「是的，艾力克，」聽筒裡又傳來酋長愉快的聲音：「我們摩和克族裡，向貝爾公司訂購了一臺你發明的電話。剛剛才收到裝置好，這是我打出去的第一通電

話。聽說你結婚的好消息，我想用電話向你和你的新婚妻子祝賀啊！」

　　艾力克高興極了，他拿起話筒，高聲的說：「強生酋長，你知道嗎？這是第一次有人用印第安語打電話哩！聽到你的聲音，實在太令我興奮了。不過，我希望有榮幸能請你過來，和大家見個面。我還希望你能帶著我們，一起大跳一場勝利戰士舞呢。」

22 不小心碰到女皇的手臂了

　　三個星期後，艾力克和梅波，依依不捨的告別了在班特福的家人和朋友們，坐上火車回到了波士頓。哈伯特夫婦親自去火車站迎接他們歸來。

　　哈伯特先生親熱的拍了拍艾力克的肩膀，笑咪咪的說：「艾力克，你和梅波才走了一個月，公司又接到好幾百張電話的訂單了。前兩天，董事會開會時，董事們認為美國境內的銷售，已經站穩了腳步，現在是應該考慮如何開發歐洲市場的時候了。大家都希望你能先去英國一趟，為『電話』做一些演講示範等的宣傳工作。」哈伯特望了女兒一眼，接著說：「看來，你們倆又要做一次長途旅行啦。」

　　艾力克聽到電話暢銷的好消

息，非常高興，也很願意為拓展市場盡一分力。更何況他可以帶著新婚的妻子，重訪愛丁堡、艾爾金、倫敦等，那些他從小長大的地方呢。於是，一個月後，艾力克和梅波就搭上駛往蘇格蘭的輪船，開始他們預計停留一年半的英國之行了。

愛丁堡，是他們第一個到達的地方。舊地重遊，往事一一浮現在眼前，使艾力克的心情變得很複雜。他指著山頂上的一大片草叢，對梅波說：「我小時候，曾經迷失在那片草叢裡，當時四周很寂靜，聽不見一絲聲音，那使我第一次體會到什麼是恐懼和孤獨，也是後來我堅持要成為聾人老師的原因。我要盡我的力量，教耳聾的人和外面的世界溝通，消除他們內心寂寞可怕的感覺。」

他和梅波一起去探訪兒時好友，班·赫曼。班已經接管了他

父親的麵粉廠，成為一個成功的生意人。見到老友艾力克，班興奮的滔滔不絕，以前口吃的毛病已完全消失了。班帶著梅波去磨坊裡，觀看艾力克十一歲時的發明——那個自動去麥殼的磨具，居然還在被使用著呢。

艾力克和梅波躺在那片微微傾斜的山坡上。他想念曾經和哥哥、弟弟在那裡打滾和放風箏的日子。艾力克指著天上翔翔的海鷗說道：「飛行，是我從小的夢想，總有一天，我會發明出一個讓人能像海鷗一樣飛翔的機器。」

梅波對艾力克的瞭解越深，也就越慶幸自己能嫁給這樣一位善良聰明的好丈夫。她心想：「我一定要成為艾力克一生的好伴侶、好幫手。我會永遠支持他想做的事和想發明的東西。」

到了倫敦後，他們立刻租好房子安頓下來，並著手展開介紹

和宣傳電話的工作。這時的梅波，已經從一個嬌生慣養的富家小姐，變成一位成熟幹練的小婦人了。她幫艾力克聯繫所有演講的機會，和處理來往繁多的信件。在她有條不紊，井然有序的安排下，艾力克的演講，越來越受到重視，並逐漸引起倫敦上層社會的注意。

有一天，梅波收到一封印有皇家標誌的大信封，她急忙拆開來看。

「喔──艾力克，快來呀！」梅波驚喜的叫了起來：「這封從皇宮寄來的信，是特別請你去為維多利亞女王＊，做電話示範的邀請函啊！」

「維多利亞女王？」艾力克興奮的說：「她是一位思想非常開放

＊維多利亞女王　1819～1901年，是英國在位最久的國君。在位期間，使英國國力達於鼎盛，史稱「維多利亞時代」。

進步的君主。聽說，她積極提倡民間創造和發明的風氣，認為那是促進社會進步，和提高生活水準的推動力啊。能在這樣賢明的女王面前，介紹我發明的電話，真是一件光榮的事！」

　　「等一等，」梅波又從大信封裡，掏出一張極為考究的紙張，她一面看一面說：「這上面寫的，是指示你在覲見女王時，應該遵守的禮儀。」她接著念下去：「不可以直視女王。不可以碰觸女王。不可以直接和女王對話。……艾力克，你千萬要記住這幾點喔，不要粗心大意的違反了規定，知道嗎？」梅波不放心的叮嚀著。

　　艾力克訂做了一套上等料子的禮服，也學會了如何向女王行禮。在去皇宮的路上，他不停默念著要嚴格遵守的禮儀。

　　當艾力克在女王面前，拿起桌上的電話，開始做示範時，他

本來應該先向女王的隨從解說，再由隨從將他所說的話轉述給女王聽。但當他正在解說時，他看見女王轉過頭去和身邊的侍衛說話。艾力克一急之下，竟然忘記了那些「不可以」的規定，他伸出手來碰了碰女王的臂膀，並對女王說：「女王陛下，請您看這裡……」

旁邊所有的人都嚇呆了！艾力克也知道自己不小心犯了大忌，他趕緊低下頭來，緊張的等待著女王的斥責。但出乎意料的，女王並沒有生氣，她照著艾力克的示範，拿起話筒，和在另外一棟宮裡的管家通了話。女王講電話時的表情，從不可置信，轉換成滿意的微笑。她放下話筒，對艾力克說：「貝爾先生，這真是最驚人的發明！我們可以向貝爾公司買幾臺電話，安裝在皇宮內嗎？」

23 一切都是為了造福人類

在倫敦居住的日子裡，艾力克和梅波這小倆口，終日沉浸在無比的快樂之中。不僅是艾力克在女王面前的電話示範成功，更是因為他們的愛情結晶──女兒「艾西」，來到了人間。

初為人父的艾力克，真是興奮得不得了。他懷抱著女兒，望著那紅通通的小臉蛋兒，心想：「如果爸爸媽媽和岳父岳母，能看見他們可愛的小孫女，不知道會有多開心哪。」他對梅波說：「現在連皇室都要安裝電話了，我們在英國的工作可以告一段落啦。快整理行李吧，我想帶艾西回去，好讓她的祖父母們高興高興！」

當他們搭乘的船到達加拿大港岸時，艾力克看見神色倉皇的

華生，正在碼頭等候他們的到來。

「嗨，艾力克、梅波，你們好嗎？路上辛苦了！」華生上前擁抱好久不見的老友。他低頭看見小推車裡的嬰兒，驚喜的說：「啊，這就是我的小姪女艾西吧？瞧她那雙圓溜溜的大眼睛，多美的一個小公主呀！」

個性率直的華生，立刻把話轉入正題：「艾力克，看來你不能在班特福多停留了，你得馬上和我回波士頓。因為有人控告貝爾公司發明的電話，是抄襲！你聽聽，有人居然說這種話，真是太不公平！太沒良心了！」華生努力控制住他的怒火，並接著說：「法院要你立刻回波士頓，出庭作證呢。」

艾力克只好把妻女暫時安頓在班特福的家中。然後，和華生匆匆的跳上了往波士頓去的火

車。

他倆選了兩個靠窗的位子，面對面的坐了下來。火車轟隆轟隆的穿越過平原、鄉村、城鎮……，艾力克忽然發現，一路上到處都樹立了高高的電線桿，有些地方交錯的電線，竟和蜘蛛網一樣的稠密複雜。這是以前從沒有見過的景色啊！

華生似乎知道艾力克在想什麼，他望著窗外說：「艾力克，你離開的這段時間，電話在美國的發展真是驚人。你看外面這些電線桿，連接的都是電話線呢。」

艾力克嘆了一口氣：「哎！那正是我們會被人誣告的原因。一個發明家的名聲越大，發明出的東西越賺錢，就越容易引起別人的嫉妒。」他感慨萬分的說下去：「華生，你是知道的，我這個人不論是當老師，或是當發明家，所做的一切，都是為了造福人

類，從來就沒有什麼功利之心，……」

　　華生同意的連連點頭。艾力克越說越激動：「事實上，只要電話能達到造福人類的目的，又何必在乎是誰發明的呢！我真不想和這些人勾心鬥角的打官司，把我寶貴的時間浪費在這種無聊的事情上。」

　　華生這次卻不同意了。他搖搖頭說：「親愛的艾力克，只有我知道你為了發明電話，曾經付出過多少心血和努力。電話是你發明的，毫無疑問！你一定要堅持打贏這場官司，絕對不能屈服！」

　　華生打開他的公事包，從中取出一疊厚厚的文件，遞給艾力克，並說道：「打從我們認識的那一天起，我就把所有你給我畫的模型草圖和解說文字，都保存了下來，並按照日期的順序排列好。這些發明過程的記載，將是

你出庭作證時，可以用到的最有利的證據。」

艾力克感激的望著華生，說道：「謝謝你的提醒和鼓勵。是的，我不應該屈服，也不能放棄。真理和正義，將永遠會站在我們這一邊的。」

就在艾力克去法庭作證後的不久，代表貝爾公司的律師，突然來訪。

「哈囉，貝爾教授，你好嗎？我給你帶來一個好消息，和一個壞消息。請允許我先說好消息吧。」律師清了清喉嚨，「那就是，你去作證的那場官司，我們打贏了！法官說你準備的資料和證據很充足，判定你是第一個有『電話』這個構想的人，也是第一個做出『電話』模型的人，更是第一個申請『電話』專利的人。」

「那不是很好嗎？還有什麼

壞消息?」艾力克問。

「可是，這樣的判決，引起了電報業巨頭『西聯電報公司』的不滿呢！他們說啊，發明家『艾爾沙·葛雷』，在你之前就有用電線傳送聲音的想法，也曾經為他們的公司，做出過可用的模型。他們還說，你根本是抄襲葛雷先生的構想呢。」

「簡直是胡說八道！」艾力克氣得頭髮都豎起來了！「兩年前，我想把剛發明的電話專利權賣給『西聯電報公司』，他們說那是什麼玩具盒子，還不肯要呢。哦，現在看到『貝爾電話公司』發展得不錯，就想搶著分一杯羹嗎?」

律師搔了搔頭，無可奈何的說:「話雖是這麼說，但他們已經把案子告到華盛頓的高等法院了。『西聯電報公司』財大氣粗，他們可以和你扯個沒完，纏

訟多年呢！哎，這真是一件棘手
的事！」

　　看到律師頭痛的樣子，艾力
克問道:「那麼，依你看，我該怎
麼辦呢？」

　　「為了維護貝爾公司的利
益，我建議應該全力和『西聯電
報公司』對抗，努力打贏這場官
司。法院可能會隨時傳你作證。
為了出庭的方便，我勸你乾脆搬
去華盛頓住一陣子吧。」

　　艾力克聽從了律師的建議。
在 1879 年的夏天，他和梅波帶著
小艾西，搬到美國的首府──
「華盛頓」去居住了。

24 回到最愛——教育聲啞兒童

　　住在華盛頓的時候，除了常常要處理打官司的瑣事以外，艾力克已經不再插手貝爾公司的業務了，但他的腦筋總是閒不下來。很快的，他又有了一個新的想法：「我已經證明了聲音可以靠電流傳遞。那麼，我也想知道聲音是否可以靠光線來傳遞呢？」他在家中建起了一個工作室，專門進行這個被他稱為——「光語」的研究和實驗。一做起實驗哪，他那專注的熱情，和不眠不休的勁兒又來了，甚至當二女兒出生時，他還固執的要給她取名為「光語」呢。梅波當然是堅持不會答應的，她要給剛出生的女兒，取一個嬌滴滴的名字「黛絲」，而不是「光語」這樣怪怪的科學名詞。

　　可惜，「光語」的實驗一直沒有什麼突破性的進展，也許是缺少了一位像華生這樣的好助手吧？其實，艾力克很希望能再和華生一起研究新的發明。但這時的華生卻已深深的迷上了莎士比亞的戲劇。這個心靈手巧的模具技師，竟然決定要轉換生涯，他想搬去加州，在大學裡進修，並準備將來要去當舞臺劇的演員。

　　是啊，就像華生一樣，在每個人的內心深處，都會有一些自己喜愛做的事。對艾力克來說，「發明」是他一生中所追求的理想，因為他認為，好的發明，的確可以提高人們的生活水準，為人類帶來進一步的方便和幸福。但是，在他的心中，從事於聾啞兒童的教育工作，才是他一直最愛做，也最能感到快樂和滿足的事情。

　　「電話」，給艾力克帶來了

崇高的名聲，和源源不斷的財富。但他從來沒有貪戀過這些，反而想利用他的名望和金錢，去為那些不幸的聾啞兒童建學校，和成立各種謀福利的機構。並且，他非常注重教師的品質，特別設立了一個稱為「美國聾人教學促進會」的組織，專門訓練教聾啞兒童的老師。

1886 年的夏天，有一位凱勒先生，帶著他六歲的女兒「海倫」，從阿拉巴馬州，來到馬利蘭州的巴爾的摩市。海倫從小就又盲又聾，也不會說話。凱勒先生希望巴爾的摩市的一位著名眼科醫生，可以醫治他的女兒。

可是，在經過仔細的檢查後，醫生失望的對那位焦急的父親說:「非常抱歉，你女兒的眼睛，是永遠無法看見光明了。我們要面對這個現實，讓她接受盲聾教育，使她將來能夠和別人相

處，在社會上生存。」醫生想了想，又說：「這樣吧，我建議你帶海倫去見『亞歷山大‧格蘭姆‧貝爾』教授。好多有聾啞孩子的父母都去請教他。他住在離這不遠的華盛頓，快點兒去吧。貝爾教授一定會想辦法幫助海倫的。」

「『亞歷山大‧格蘭姆‧貝爾』？是那位發明電話的貝爾教授嗎？」凱勒先生問道。

「是啊，正是那位偉大的發明家。不過，他也是一位熱心又有經驗的聾人教育家呢。」醫生用敬仰的口氣形容著。

就連對聾啞兒童很有經驗的艾力克，第一眼看見海倫凱勒時，也嚇了一大跳！這個容貌娟秀的女孩，卻像一頭暴躁憤怒的小獅子，橫衝直撞的，拿起東西來不是丟就是摔，要不就自己扯頭髮撕衣服。旁邊的人都嚇得躲在牆角，只有艾力克抱起不斷捶

打掙扎的海倫，讓她坐在他的膝上，並掏出懷表塞在小女孩的手中。海倫觸摸著移動的分針秒針，並感覺到表響時聲音的震動，她居然慢慢的安靜了下來。

艾力克對凱勒先生說：「海倫因為生理上的缺陷，使她無法表達出她所想的，所要的，也不知道別人的反應，所以她感到無助、生氣和沮喪。但是，她是一個聰明的孩子，只要想辦法教她如何和外面的世界溝通，她也可以和常人一樣的生活，甚至對社會做出不凡的貢獻呢。」

艾力克馬上拿起電話，打給麻州一所盲啞學校的校長，為海倫做了最好的安排。他把一位傑出的老師──安妮‧沙利文，介紹到海倫的生命中。

25 怎能停止想像和實驗？

　　雖然貝爾一家人在華盛頓住了許多年，但艾力克一直不能忍受南方炎熱的氣候，而梅波也不喜歡那裡正式又頻繁的官場應酬。1886年的夏天，他們去加拿大一個叫做「諾瓦史科西亞」的地方渡假時，發現了一片面對大海的山林地。艾力克和梅波立刻愛上了那個視野廣闊、天氣涼爽，又充滿了陽光的地方。他們決定開闢出一塊林地，在上面蓋一棟大房子，作為一家人夏日度假的別墅。

　　一年一年的過去，貝爾夫婦逐漸的把附近的林地都買了下來，加蓋了一些小屋、馬舍、倉庫、工作室和遊戲房。在綠油油的大草坪上，蓋起一座旋轉的風車。又在海邊停放的遊艇上搭建

了一個船屋。不僅貝爾一家人常來這裡居住，鄰居的小孩們也可以自由自在的過來玩耍。山林中經常飄送出歡樂的笑聲，人們就稱那個像樂園一樣的地方為「美麗山莊」。

艾力克在美麗山莊的一處斜坡上，找到了一塊可以仰臥的草地。就像小時候在愛丁堡的那座小山坡上一樣，他喜歡躺在那裡，仰望天上飛來飛去的海鷗。他的心中仍然在想:「我要發明出一個飛行的機器，能夠把人們帶上天空，任意翱翔。」

他開始用風箏來做實驗，想藉以瞭解飛行的原理和奧祕。他所製作的風箏，從普通的玩具，逐漸演變成巨大複雜的科學儀器。梅波為了支持丈夫的飛行夢，她出資籌組了一個「空中實驗協會」，並邀請幾位年輕的科學家，長期住在美麗山莊，協助

艾力克發展他心目中的飛行機器。

事實上，艾力克做實驗的助手，還不只是這幾位年輕的科學家哩。艾西和黛絲，都先後結婚生子。艾力克和梅波，已成為有十幾個孫兒孫女的祖父母啦。每次「空中實驗協會」在舉行模型試飛時，這些孫兒女們，就像一團訓練有素的娃娃兵，排成一列，幫忙把模型拖進拖出。而附近的居民們，也像趕集一樣，歡歡喜喜的前去觀看。美麗山莊上，飛行機模型的試飛活動，不像是一個科學的實驗，倒像是鄰里間的聯歡會呢！

當然，做實驗總有不順利或失敗的時候。每當這種情形發生時，艾力克就會廢寢忘食的去找出改進的答案，和解決的方法。他像從前一樣，總喜歡在夜深人靜的時候獨自思考，常常工作到

凌晨還不休息，因此頭痛的老毛病也就一直困擾著他。

　　梅波非常擔心艾力克的健康，她對頭髮已經斑白的丈夫說：「你的年紀大了，一定要注意身體，不要再花腦筋去想什麼新的主意了。你對社會已經做出了許多的貢獻，這些年來，你親眼看見電話的成功，它不僅為人們的生活帶來便利，更將人類的文明向前推進了一大步啊。再說到你對聾啞教育方面的努力，已使無數的聾人受到了益處，我不就是其中之一嗎？」梅波拿起桌上的一封信，接著說：「你看，海倫那孩子又來信了。她小時候又盲又聾又啞，現在居然進了美國最有名的『瑞克利夫』女校就讀，這不都是因為你一直不斷的鼓勵嗎？」

　　梅波又從桌上拿起一張寫得密密麻麻的紙張，她帶著慈祥的

笑容說：「這是我們小孫子寫的一篇作文〈我的祖父〉，讓我讀給你聽吧。」

我的祖父，名字叫做「亞歷山大・格蘭姆・貝爾」。他有一把白白的大鬍子，和一個胖胖的大肚子，看起來很像是個聖誕老人。

他給這個世界上，帶來了很多的禮物。除了最有名的「電話」以外，他還發明過「人工呼吸器」、「金屬探測器」、「聽力檢驗器」。現在他還要發明出可以帶我們飛上天空的飛行機，和在大海裡滑行的快速氣艇。

我的祖父曾對我說過：「永遠都要仔細觀察你身邊的事物，看看有沒有什麼可以改進的地方。所有重要的發明，都是從細微的觀察開始的呢。」

　　我希望將來能成為和祖父一樣偉大的發明家。

　　艾力克聽了，也不禁微笑了起來。他對梅波說：「是啊，生活中有太多要改進的事物，我的腦子停不下來，我得一直研究和創造，而使全人類都能得到益處。就像小孫子所說，我是一個發明家，不讓我發揮想像和動手做實驗，就像不讓我呼吸一樣的難過啊。」

26 我還有一個新的想法

　　1915 年的 1 月 25 日，是電話史上一個重要里程碑的日子。在那一天，「貝爾電話公司」正式啟用了全美國從南到北、由東到西的電話網。

　　啟用典禮是經過兩通電話開始的。首先是美國威爾遜總統從首府華盛頓，打往西岸加州州長的辦公室電話。總統和州長，愉快的互相問好，聲音清晰的程度，就好像是面對面的交談。

　　第二通電話，則是在紐約的艾力克，和在舊金山的華生之間的通話。全國的人們，都屏息靜待這歷史性的一刻。艾力克的眼中閃爍著興奮的淚水，他拿起話筒，激動的說出四十年前說過的那句話：「華生，快過來，幫幫我！」聽筒中傳來華生的聲音：「我

的老友，這一回我可沒辦法立刻出現在你面前啦，現在我們之間隔了三千哩遠呢！」

盲聾教育家「海倫凱勒」，把她的自傳獻給影響她一生的艾力克。在書的第一頁，她寫著：

謹以此書向「亞歷山大‧格蘭姆‧貝爾」先生致敬——

他使聾人能「聽見」聲音，並且開口說話。

他使不聾的人，即使相隔千里，也都能互相聽見彼此。

在美麗山莊的斜坡草地上，艾力克和梅波並肩躺著，一起享受下午溫暖的陽光。

艾力克望著頭上飛翔的海鷗，對身旁的妻子說：「我從小就夢想著飛行，真高興現在能夠親眼看見萊特兄弟發明出來了『飛機』。不過，我在這方面付出的

心血和努力，也絕對不會白費！我可以提供出我的研究和實驗成果，幫助飛機再做進一步的發展。就如同別的發明家們也可以在我的電話基礎上，繼續發揚光大。說不定，在不久的將來，電話可以不需要用電線連接，就能把聲音傳到更遠更遠的地方……當然，這需要經過很多人的共同努力……」

　　艾力克一轉身坐了起來，他的眼睛閃亮著，曬得紅通通的臉頰上，泛起一個興奮又神祕的笑容，他向妻子眨了眨眼，用那低沉有力的聲音說道：「梅波，妳聽見了嗎？我還有一個新的想法……」

貝爾

小檔案

1847 年　誕生。

1858 年　第一次發明裝了刷子的老磨具，令大家另眼相看。

1863 年　開始一生中第一個工作，當一名教音樂又教演說的老師。

1867 年　舉家遷至加拿大安大略省。

1871 年　以父親所發明的「看圖發聲學」教學，引起熱烈討論。

1873 年　正式成為波士頓大學的聲音生理學教授。以「和諧電報」
獲得哈伯特和桑德士的資助，請來華生作為助手，一同進
行實驗。

1875 年　原本的「和諧電報」構想，已轉變成「電話」，並在 6 月
2 日，有了初步的成功。11 月 25 日，與梅波訂婚。

1876 年　電話專利權被批准。3 月 10 日，電話發明成功，並在美

國的百年慶展中得到展品比賽的第一名。10 月，完成了

可以互相溝通的電話機。

1877 年　貝爾電話公司正式成立。7 月 11 日，與梅波結婚。

1886 年　為海倫凱勒開啟了新的人生。

1915 年　1 月 25 日，貝爾電話公司正式啟用了全美國從南到北、

由東到西的電話網。

1922 年　逝世。

獻給孩子們的禮物

「世紀人物100」

訴說一百位中外人物的故事

是三民書局獻給孩子們最好的禮物！

◆ 不刻意美化、神化傳主，使「世紀人物」
更易於親近。

◆ 嚴謹考證史實，傳遞最正確的資訊。

◆ 文字親切活潑，貼近孩子們的語言。

◆ 突破傳統的創作角度切入，讓孩子們認識
不一樣的「世紀人物」。

兒童文學叢書

每個孩子都是天生的詩人

您是不是常被孩子們千奇百怪的問題問得啞口無言?
是不是常因孩子們出奇不意的想法而啞然失笑?
而詩歌是最能貼近孩子們不規則的思考邏輯。

小詩人系列

 現代詩人專為孩子寫的詩

 豐富詩歌意象,激發想像力

 詩後小語,培養鑑賞能力

 釋放無限創造力,增進寫作能力

 親子共讀,促進親子互動

國家圖書館出版品預行編目資料

聽見了嗎?：貝爾 / 張燕風著;李詩鵬繪.－－初版三
刷.－－臺北市：三民，2016
　　面；　公分.－－(兒童文學叢書 / 世紀人物100)

　　ISBN 978-957-14-4541-0　(平裝)

　　1.貝爾(Bell, Alexander Graham, 1847-1922)－傳記
－通俗作品

785.28　　　　　　　　　　　　　　95025554

©　聽見了嗎?：貝爾

著 作 人	張燕風
主　　編	簡　宛
繪　者	李詩鵬
發 行 人	劉振強
著作財產權人	三民書局股份有限公司
發 行 所	三民書局股份有限公司
	地址　臺北市復興北路386號
	電話　(02)25006600
	郵撥帳號　0009998-5
門 市 部	(復北店)臺北市復興北路386號
	(重南店)臺北市重慶南路一段61號
出版日期	初版一刷　2007年1月
	初版三刷　2016年1月修正
編　　號	S 781810

行政院新聞局登記證局版臺業字第○二○○號

有著作權‧不准侵害

ISBN　978-957-14-4541-0　　(平裝)

http://www.sanmin.com.tw　三民網路書店